ENTRE A LUZ E AS TREVAS

Entre a luz e as trevas

1ª edição: Outubro 2024

Autor:
Claudio Lottenberg

Preparação de texto:
3GB Consulting

Revisão técnica:
Ilton Gitz

Revisão de texto:
Debora Capella

Projeto gráfico:
Jéssica Wendy

Capa:
Dimitry Uziel

Foto do autor (contracapa):
Rodrigo Zorzi

Impressão e acabamento
Plena Print

DADOS INTERNACIONAIS DE CATALOGAÇÃO NA PUBLICAÇÃO (CIP)

Lottenberg, Claudio
Entre a luz e as trevas : por que o conflito entre Israel e Hamas importa para você e para todo o mundo / Claudio Lottenberg. – Porto Alegre : Citadel, 2024.
176 p.

ISBN 978-65-5047-538-3

1. Conflito Árabe-israelense 2. Geopolítica 3. Palestina 4. Hamas 5. Terrorismo I. Título

24-4539 CDD 956.9405

Angélica Ilacqua - Bibliotecária - CRB-8/7057

Produção editorial e distribuição:

CITADEL Grupo Editorial

contato@citadel.com.br
www.citadel.com.br

CLAUDIO LOTTENBERG

ENTRE A LUZ E AS TREVAS

POR QUE O CONFLITO ENTRE ISRAEL E HAMAS IMPORTA PARA VOCÊ E PARA TODO O MUNDO

CITADEL
Grupo Editorial
2024

Sumário

Prefácio

Ao mergulhar na narrativa de Claudio Lottenberg, fui profundamente tocada, pois suas palavras trouxeram à tona memórias que, por muito tempo, guardei em um canto distante da minha mente. Como cristã libanesa, minha vida foi marcada pela guerra civil, um conflito devastador que começou em 1970 (oficialmente em 1975) e durou quinze anos, despedaçando meu país e forçando milhares a buscarem segurança em terras estrangeiras, como exilados que até hoje somos. Sou uma libanesa desatualizada no contexto atual libanês e uma brasileira sem raízes. Um sentimento que só uma imigração forçada provoca.

O que me levou a aceitar o convite para prefaciar *Entre a luz e as trevas* foi uma profunda perplexidade e um desconcerto ao ver jovens em pleno século 21, nas ruas de países ocidentais, engajarem-se com tanta belicosidade em causas que, claramente, desconhecem em sua complexidade. Jovens que aparentam estar desprovidos de um entendimento histórico e geopolítico mais profundo sobre o Oriente Médio e que exibem uma hostilização perturbadora, apoiando organizações terroristas sem a mínima compreensão do que elas representam. Ao abraçar a causa palestina através do Hamas, muitos, em sua busca por propósito que acreditam ser humanitário, acabam relativizando a vida humana e afastando-se da possibilidade de uma conciliação pacífica entre povos e da esperança de um mundo mais tranquilo. Essa realidade inquietante é o que me impele, após anos de silêncio, a revisitar temas que, outrora, considerei encerrados em minha trajetória. Hoje, vejo com clareza o perigo iminente: as mesmas forças que já devastaram pequenas minorias no Oriente Médio agora ameaçam se espalhar como um incêndio incontrolável pelo resto do mundo.

Darei aqui uma pincelada daquilo que conheço e vivi antes de me exilar vinda do Líbano, com minha família, em 1970, ao Brasil, na esperança de esclarecer resumidamente uma nebulosa passagem da história recente do Oriente Médio. Os conflitos no Líbano, que se iniciaram com um governo enfraquecido, se intensificaram com a chegada de um grande número de refugiados palestinos, expulsos de países árabes, como o Egito e, em especial, a Jordânia. Após a divisão estabelecida a partir de 1948, quando o Estado de Israel foi criado, muitos palestinos fugiram dos conflitos em suas terras de origem e buscaram refúgio nos países vizinhos. No entanto, a presença da Organização para a Libertação da Palestina (OLP) e suas atividades militares provocaram tensões em países como a Jordânia.

Em 1970, essas tensões culminaram no “Setembro Negro”, quando o rei Hussein da Jordânia expulsou a OLP de seu território, após confrontos violentos que ameaçavam a estabilidade de seu governo. Muitos palestinos, juntamente com a liderança da OLP, se dirigiram ao Líbano, onde foram inicialmente recebidos com compaixão. O Líbano, com sua diversidade religiosa e histórica hospitalidade, ofereceu abrigo a esses refugiados, concedendo-lhes passaportes e um espaço para recomeçar.

No entanto, a OLP rapidamente transformou o Líbano em sua base de operações, usando o território para lançar ataques contra Israel e organizar operações terroristas contra o Ocidente. Isso não só colocou o Líbano no centro do conflito árabe-israelense, como também exacerbou as tensões internas entre as diversas comunidades religiosas e políticas do país.

Em meio a essa turbulência, o massacre de Damour contra cristãos, efetuado por islamitas radicais em 1976, e a represália nos campos de Sabra e Shatila desencadearam uma crise que hoje parece sem volta.

Damour, uma cidade cristã maronita, foi atacada brutalmente por milícias islamitas radicais, resultando na morte de centenas de civis, muitos dos quais eram mulheres e crianças. Esse episódio foi um símbolo trágico da escalada da violência e do caos contra cristãos, como no caso do Líbano.

A narrativa de Claudio Lottenberg, ao abordar a situação atual de Israel, fez-me reviver as memórias da incursão israelense ao Líbano, em 1982. Israel invadiu o sul do Líbano na tentativa de destruir as bases da OLP, proteger os cristãos libaneses a pedido dos Estados Unidos, proteger suas próprias fronteiras e impedir que a Síria, apoiada pelo Irã, assumisse o controle sobre o Líbano. Havia uma esperança de que essa intervenção trouxesse paz e estabilidade à nossa região, mas essa esperança foi destruída com o assassinato de Bashir Gemayel, o recém-eleito presidente do Líbano e líder das Forças Libanesas. Bashir era visto como o último bastião de esperança para muitos cristãos libaneses, representando a possibilidade de um Líbano soberano e independente. Seu assassinato, em 14 de setembro de 1982, em um atentado a bomba atribuído a agentes sírios e seus aliados, marcou o fim desse sonho.

A situação piorou com o ataque terrorista ao quartel dos fuzileiros navais americanos em Beirute, em 1983. Um caminhão-bomba suicida do Hezbollah matou 241 militares dos Estados Unidos. Esse ataque foi um marco na escalada de violência e simbolizou a crescente influência de forças externas, especialmente do Irã, na guerra libanesa.

Décadas depois, em 2005, o assassinato do ex-primeiro-ministro Rafik Hariri, um influente político muçulmano e defensor da reconstrução do Líbano, abalou profundamente o país. Hariri, que havia liderado os esforços de reconstrução após a guerra civil, foi morto em um atentado atribuído a forças sírias e seus aliados, que não desejavam a estabilidade do país, destacando a contínua luta pelo controle e pela hegemonia no Líbano.

Ao acompanhar os horrores do dia 7 de outubro de 2023 em Israel, onde o Hamas massacrou e sequestrou jovens em um festival de música, além de matar homens, mulheres e crianças inocentes, não posso evitar a dolorosa comparação com as atrocidades que testemunhei no Líbano. O que acontece em Israel agora não é tão diferente do que enfrentamos durante a guerra civil. Judeus e cristãos, ambos minorias no Oriente Médio, continuam a lutar pela sobrevivência em uma região cada vez mais hostil à diversidade e à liberdade.

As histórias de Claudio e as minhas se cruzam de forma inesperada, mas poderosa. Ambas nos lembram como o mundo, ao esquecer as tragédias do passado, permite que novos horrores aconteçam. A Revolução Islâmica, que começou em um lugar específico, hoje se espalha pelo mundo, recrutando jovens sem direção e propósito, prontos para abraçar causas que mal compreendem.

Escrevo este prefácio inspirada pelas palavras de Claudio porque acredito que, ao unirmos nossas vozes, podemos fazer a diferença. A minha história, a dele e a de tantos outros são lembretes de que não podemos nos dar ao luxo de esquecer o passado. O antissemitismo crescente que vemos hoje é uma ameaça não só para os judeus, mas para todos nós que compartilhamos uma história de luta por liberdade e identidade.

Este livro é um apelo para que não deixemos que o ódio e a intolerância prevaleçam. Como cristã libanesa e alguém que encontrou uma nova vida no Brasil, sinto que é meu dever contribuir para essa causa, na esperança de que possamos, juntos, evitar que as tragédias do passado se repitam.

Alia Carol Maluf

Apresentação

Nestes dias de incerteza que o mundo atravessa, minha vivência plena do judaísmo em uma comunidade florescente como a de São Paulo tem sido para mim uma jornada de aprendizado, resiliência e fortalecimento pessoal.

Nascida em Beirute, no Líbano, minha própria história me permite entender as nuances dessa realidade. Vivi uma infância serena, praticando o judaísmo em uma família devota. Tínhamos uma vida judaica ativa, mas éramos apenas tolerados e não aceitos como cidadãos plenos. Fui casada com o querido e saudoso Moise Safra, Z"L, um grande líder que me ensinou a importância da dedicação ao próximo e o significado de Tikkun Olam (nos ensinamentos judaicos, qualquer atividade que melhore o mundo).

Com ele, aprendi que servir à comunidade e lutar pela união e bem-estar coletivo são pilares essenciais para uma vida judaica plena. Essa herança de valores judaicos me leva a admirar os esforços dos que buscam a paz e a coesão. Compartilhando esses mesmos valores, meu amigo Dr. Claudio Lottenberg reflete sobre a evolução da comunidade judaica, destacando a solidariedade e o compromisso dos líderes que têm trabalhado intensamente para fortalecer nossa presença, tanto no Brasil quanto internacionalmente.

Hoje, como presidente da Conib e líder incontestável da nossa comunidade, o Dr. Claudio apresenta ao público uma obra importante, na qual ele reflete sobre a história de Israel e a importância de uma liderança pautada pela ética e moral. Ele mostra como esses princípios são essenciais para garantir que os valores judaicos de justiça e igualdade continuem a prosperar.

Seu compromisso com a defesa dos direitos humanos e sua luta incansável contra o crescente antissemitismo são exemplos que ecoam não apenas dentro da comunidade judaica, mas também na sociedade brasileira como um todo. Sua liderança nos inspira a sermos cidadãos melhores e conscientes de nosso papel e responsabilidade.

É com grande honra e admiração que faço esta apresentação ao livro de um líder tão respeitado. Sua visão de um futuro mais justo e de uma comunidade judaica forte e unida é uma inspiração para todos nós. Que esta obra, ao narrar a história do povo judeu e do Estado de Israel, sirva como um convite à reflexão e à ação, para que possamos continuar defendendo os valores que nos guiam, tanto como judeus quanto como cidadãos do mundo.

Chella Safra

Introdução

O triunfo da luz

A decisão de escrever este livro nasceu de uma profunda preocupação com os desafios enfrentados pelas sociedades democráticas contemporâneas. Ao invadir Israel no dia 7 de outubro de 2023, assassinar cerca de 1,2 mil pessoas e sequestrar mais de 230 idosos, crianças, homens e mulheres, o Hamas expôs ao mundo a face mais brutal de uma disputa entre modelos de sociedade. Não é a soberania sobre um pedaço de terra que está em jogo, muito menos o futuro dos palestinos e israelenses. É algo muito maior, que importa a todos os que defendem a liberdade, o respeito, a justiça e a pluralidade. Este livro oferece uma visão alinhada com esses valores, destacando a importância do reconhecimento mútuo e da coexistência pacífica.

Tive um exemplo extremamente significativo, desde muito cedo, em casa. Meu pai, Marcos Lottenberg, um imigrante judeu da Ucrânia, tinha uma fábrica de gravatas na 25 de Março, região comercial de São Paulo conhecida pela forte presença de imigrantes árabes e seus descendentes.

Desde criança, testemunhei as relações de amizade de meu pai com seus vizinhos. Quando ele faleceu, foi Jorge Abrão Jana, um árabe, quem nos ajudou a compreender e organizar os negócios. Apesar das dificuldades, meu pai conseguiu se formar na faculdade. Seu número de inscrição no Conselho de Economia era 87. Mas, naquela época, a

Medicina não nos oferecia a oportunidade de aprender muito sobre gestão, área na qual pude me desenvolver depois. Temos uma enorme gratidão por Jorge Abrão Jana e pelo que seu gesto humano e generoso representou para nossa família naquele momento de dor.

Respeito e paz aprendemos em casa. A força do nosso exemplo é que vai moldar as próximas gerações. Por isso, como líder comunitário e defensor dos direitos humanos, sinto ter a responsabilidade de esclarecer e informar sobre as verdadeiras causas e possíveis consequências do que ocorre no Oriente Médio, suas raízes históricas e as possíveis soluções para uma paz duradoura. Acredito que a informação precisa e a compreensão das realidades históricas e contemporâneas são fundamentais para a construção de um futuro melhor para todos os envolvidos.

O conflito entre israelenses e palestinos é um dos mais desafiadores da história moderna. Suas raízes remontam ao final do século 19, com o surgimento do movimento sionista e a crescente imigração judaica para a região da Palestina, então parte do Império Otomano. Após a Segunda Guerra Mundial e o Holocausto, a pressão internacional para a criação de um Estado judeu aumentou. Em 1947, a Organização das Nações Unidas (ONU) aprovou um plano de partilha que dividia a região da Palestina em dois Estados, um judeu e um árabe. Os líderes judeus aceitaram o plano, mas os árabes o rejeitaram, levando à guerra de 1948, depois da declaração de independência de Israel. Desde então, os conflitos na região têm sido marcados por guerras, atentados e boicotes, mas também por avanços, como os tratados de paz que envolveram Israel e vários países árabes, como Egito, Jordânia e, mais recentemente, Emirados Árabes Unidos, Bahrein e Marrocos.

O Hamas, fundado em 1987, é um grupo terrorista palestino que se opõe à existência de Israel e busca a criação de uma teocracia islâmica radical. Suas ações são marcadas por ataques contra civis israelenses e pela recusa em reconhecer o direito de Israel existir. Além do Hamas, outros grupos, como a Jihad Islâmica palestina, o Hezbollah libanês e os Houthis, no Iêmen, desempenham papéis significativos no conflito. Com o apoio do Irã e de outros Estados que se opõem a Israel, as ações desses grupos complicam ainda mais a busca por uma solução pacífica para o conflito, pois suas agendas entram em choque com os esforços diplomáticos e as aspirações de paz da maioria dos palestinos e israelenses.

Nasci em São Paulo, Brasil, e desde cedo fui inspirado pelos valores de minha família e pela herança cultural da comunidade judaica. Minha formação acadêmica começou na Escola Paulista de Medicina (Unifesp), onde me graduei em Medicina e, posteriormente, concluí meu doutorado em Oftalmologia. Minha carreira médica tem sido uma jornada de dedicação e busca incessante pela excelência. Tive a oportunidade de presidir o Hospital Israelita Albert Einstein, uma das instituições de saúde mais prestigiadas da América Latina. Durante meu mandato, trabalhei incansavelmente para elevar os padrões de qualidade e inovação, transformando o hospital em um modelo de referência em gestão e atendimento ao paciente.

Além da medicina, minha vida tem sido profundamente marcada pelo envolvimento com a comunidade judaica no Brasil. Atualmente, sou presidente da Confederação Israelita do Brasil (Conib), a principal organização representativa dos judeus brasileiros. A Conib desempenha um papel vital na defesa dos direitos humanos, no combate ao preconceito e na promoção da cultura judaica. Minha atuação na Conib é guiada por um compromisso inabalável com os valores democráticos. Acredito firmemente que o diálogo inter-religioso, a integração social e a defesa dos direitos das minorias são essenciais para a construção de uma sociedade mais justa e igualitária. Esses princípios têm sido o alicerce de minha liderança comunitária e de minhas iniciativas em prol da convivência pacífica e do respeito mútuo.

Antissemitismo é o preconceito, a hostilidade ou discriminação contra judeus como grupo religioso, étnico ou racial. Mas não é um sentimento isolado. O preconceito contra minorias étnicas, políticas, nacionais, de gênero ou religiosas, no fundo, se alimenta na mesma fonte de intolerância e ódio. Os judeus, muitas vezes, são a ponta desse iceberg. Esse ódio tem raízes profundas na História, manifestando-se de várias formas ao longo dos séculos, desde a perseguição religiosa na Idade Média até o genocídio perpetrado pelos nazistas durante o Holocausto.

O antissemitismo, agora, assume uma nova forma: o antissionismo, que é a negação do direito de autodeterminação do povo judeu, marcado pela retórica e por ações que agridem, demonizam ou deslegitimam Israel, seus apoiadores e seus habitantes. Na base do preconceito está a negação de fatos históricos irrefutáveis. O principal deles é que os judeus habitam aquela região desde muitos séculos atrás. É essencial reconhecer e respeitar o direito de todos os povos à autodeterminação, incluindo os judeus, como um passo fundamental para a paz e a justiça. De fato, o ódio contra Israel é o ódio contra a democracia e as liberdades individuais, estabelecidas no centro de uma região onde proliferam ditaduras, opressão e fundamentalismo religioso. Reconhecer um país no qual mulheres, LGBTQIA+, cristãos, muçulmanos e judeus são respeitados e no qual há liberdade de expressão e eleições livres seria um suicídio para fanáticos e ditadores que oprimem seus povos.

O antissemitismo tem uma longa e dolorosa história. Desde a Antiguidade, os judeus foram frequentemente alvo de perseguições, discriminações e teorias conspiratórias. Na Idade Média, foram acusados de crimes como a profanação da hóstia e o assassinato ritual, que provocaram massacres e expulsões em massa. O antissemitismo moderno, que emergiu no século 19, combinou preconceitos religiosos com teorias raciais pseudocientíficas, culminando no Holocausto, no qual seis milhões de judeus foram exterminados pelos nazistas. Agora o preconceito antijudaico se traveste de antissionismo.

No século 21, o antissemitismo continua a ser uma ameaça. Manifesta-se em ataques violentos, vandalismo de sinagogas e cemitérios, e pela retórica de ódio, amplificada pelo vácuo de regras e controles democráticos das redes sociais. A vigilância e a educação contínuas são essenciais para combater esse ódio persistente.

O Hamas utiliza uma variedade de estratégias e táticas em sua luta contra Israel. Uma das mais abjetas é o uso de civis como escudos humanos, colocando instalações militares e lançadores de foguetes em áreas densamente povoadas para dificultar a resposta militar israelense. Essa prática não apenas coloca em risco a vida de civis palestinos, mas também complica a situação humanitária na Faixa de Gaza. Além disso, o Hamas realiza ataques com foguetes e mísseis contra alvos civis em Israel, buscando causar o máximo de dano e terror. Essas ações são frequentemente acompanhadas por campanhas de desinformação e propaganda, que visam ganhar apoio internacional e deslegitimar as respostas de defesa de Israel.

O conflito entre Israel e Hamas tem um impacto devastador sobre a população civil de ambos os lados. Em Israel, os ataques com foguetes causam mortes, ferimentos e traumas psicológicos, especialmente entre as crianças. Na Faixa de Gaza, as operações militares israelenses em resposta aos ataques do Hamas resultam em mortes e ferimentos de civis, destruição de infraestrutura e uma crise humanitária contínua. O termo "genocídio" é frequentemente usado de forma inadequada para descrever o conflito entre Israel e Hamas. Genocídio é definido como a intenção de destruir, no todo ou em parte, um grupo nacional, étnico, racial ou religioso. Comparar as ações de Israel, que visam à autodefesa contra ataques terroristas, com o genocídio perpetrado pelos nazistas durante o Holocausto é não apenas impreciso, mas também desrespeitoso com as vítimas de um verdadeiro genocídio.

Essa comparação indevida desvia a atenção das verdadeiras causas e soluções do conflito e alimenta a desinformação e o ódio. É crucial usar termos precisos e apropriados ao discutir questões tão complexas e sensíveis. Existem exemplos históricos de reconciliação que podem servir de modelo para a paz entre israelenses e palestinos. Um dos mais notáveis é o acordo de paz entre Israel e Egito, assinado em 1979. Esse acordo, mediado pelos Estados Unidos, resultou na retirada israelense do Sinai e no reconhecimento mútuo entre os dois países. Desde então, Israel e Egito mantêm uma paz fria, mas estável. Outro exemplo é o acordo de paz entre Israel e Jordânia, assinado em 26 de outubro de 1994. Esse acordo normalizou as relações entre os dois países e abriu caminho para a cooperação em áreas como segurança, comércio e turismo. Mais recentemente, os Acordos de Abraão, assinados em 15 de novembro de 2020, estabeleceram relações diplomáticas entre Israel e vários países árabes, incluindo Emirados Árabes Unidos e Bahrein.

A diplomacia desempenha um papel crucial na busca pela paz no Oriente Médio. Esforços diplomáticos, como as negociações de Camp David, e a diplomacia internacional, incluindo a mediação de potências como os Estados Unidos e a União Europeia, são essenciais para facilitar o diálogo e a negociação entre as partes. A diplomacia também envolve a construção de confiança entre os líderes e as populações de ambos os lados. Isso requer compromissos difíceis e concessões, mas é a única maneira de alcançar uma paz duradoura e justa. É necessário neutralizar as ameaças representadas por grupos extremistas e terroristas, o que requer não apenas ações militares, mas também esforços para desmantelar as redes de financiamento e apoio a esses grupos. A cooperação internacional é vital para combater o terrorismo e promover a estabilidade na região.

Além disso, é importante abordar as causas subjacentes do extremismo, como a pobreza, a falta de educação e a ausência de oportunidades econômicas. Investir no desenvolvimento e na melhoria das condições de vida pode ajudar a reduzir o apoio ao terrorismo e criar um ambiente mais propício à paz. Em vez disso, o Hamas desviou bilhões de dólares destinados à ajuda humanitária para comprar armas e construir túneis com um único objetivo: destruir a única democracia da região.

A desinformação é uma arma poderosa no conflito entre a luz e as trevas. Grupos extremistas e seus apoiadores utilizam técnicas de propaganda para manipular a opinião pública e deslegitimar seus adversários. As redes sociais amplificam essas campanhas, permitindo que informações falsas e enganosas se espalhem rapidamente. Elas não apenas distorcem a realidade, mas também alimentam o ódio e a violência. É essencial promover a alfabetização midiática e a verificação de fatos para combater a desinformação e garantir que o público tenha acesso a informações precisas e confiáveis. É inadmissível que fontes do Hamas, um grupo terrorista, mereçam a mesma credibilidade e o mesmo espaço que fontes submetidas às regras de democracia.

A busca pela verdade é fundamental para a resolução do conflito. Nesse sentido, a transparência e a responsabilidade são necessárias para construir a confiança e promover a justiça. A convivência pacífica entre israelenses e palestinos é possível, como demonstram exemplos de cooperação e coexistência em Israel e em várias partes do mundo, como no Brasil, onde as comunidades judaica e palestina convivem de forma respeitosa e, muitas vezes, fraterna. É esse o modelo que devemos exportar, em vez de usar a retórica populista para importar a lógica de um conflito que não atende à tradição e aos interesses do Brasil. Infelizmente, setores do atual governo brasileiro parecem não compreender essa necessidade.

A construção de um futuro comum para israelenses e palestinos envolve a criação de um ambiente de paz, segurança e prosperidade para todos. Isso inclui o desenvolvimento econômico, a melhoria das condições de vida e a promoção da justiça social. Expressiva parte dos judeus e dos israelenses defende a criação de um Estado palestino, mas isso não basta. É fundamental garantir que esse novo país seja democrático e reconheça o direito à existência de seus vizinhos. Iniciativas de paz e cooperação, como projetos de infraestrutura, programas de educação e parcerias comerciais, podem ajudar a construir um futuro melhor para ambas as comunidades. Contudo, é preciso que o terrorismo e o radicalismo sejam erradicados da região e do mundo. A participação ativa da sociedade civil, incluindo jovens, mulheres e líderes comunitários, é essencial para o sucesso dessas iniciativas.

Enfim, a paz no Oriente Médio é um desafio complexo, mas não impossível. Requer vontade política, compromisso com a justiça e disposição para o diálogo e a negociação. Mais cedo ou mais tarde, encontraremos o caminho para a paz e a justiça no Oriente Médio. Não há outra opção. Uma certeza inspira cada palavra deste livro, que se chama *Entre a luz e as trevas*: a de que a luz, representada pela liberdade e pelo respeito, triunfará. Boa leitura. *Salam*. *Shalom*.

Capítulo

I

Linha do tempo do conflito

A compreensão dos fatos que envolvem a disputa entre a luz e as trevas no Oriente Médio fica mais fácil a partir de uma linha do tempo. Por isso, reuni a seguir alguns dos principais fatos dessa história, sem a pretensão de indicar tudo o que aconteceu, até porque seria impossível.

1200 A.C.

A Estela de Merneptá, datada de aproximadamente 1208 a.C., menciona "Israel" como um grupo de pessoas na região de Canaã, marcando um dos primeiros registros escritos da presença de um grupo de pessoas identificadas como "israelitas" na região.

930 A.C.

O Reino de Israel é estabelecido.

587 A.C.

O Primeiro Templo de Israel, construído por Salomão, é destruído pelos babilônios.

70 D.C.

O Segundo Templo, em Jerusalém, é destruído pelos romanos.

636-1099

Após a conquista muçulmana, a Palestina se torna parte do Califado Islâmico. Jerusalém se transforma em uma cidade sagrada para o Islã. Uma mesquita é construída exatamente sobre as ruínas do Templo de Jerusalém. A presença judaica continua, mas em número mais reduzido.

1099-1291

Jerusalém e outras partes da região da Palestina são capturadas pelos cruzados europeus. Durante esse período, a comunidade judaica em Jerusalém sofre massacres.

1492

Após a expulsão dos judeus da Espanha, muitos se estabelecem no Império Otomano, incluindo a região da Palestina. Essa migração aumenta a população judaica na região.

1897

O Primeiro Congresso Sionista, realizado na Basileia, Suíça, estabelece as bases do sionismo moderno, sob a liderança de Theodor Herzl.

1917

O governo britânico emite a Declaração Balfour, apoiando a criação de um "lar nacional para o povo judeu" na Palestina.

1920-1948

A região da Palestina fica sob comando da Grã-Bretanha, período marcado por tensões devido à imigração judaica – que, apesar da Declaração Balfour, afrontava o *status quo* do colonialismo britânico – e às disputas por terra na região.

1947

Sob a presidência de um brasileiro, o gaúcho Oswaldo Aranha, a ONU aprova a partilha da região da Palestina em dois Estados, um judeu e outro árabe. Os líderes judeus aceitam o plano, mas os árabes o rejeitam.

1948

Em 14 de maio, Israel declara independência. No dia seguinte, a Liga Árabe (Egito, Síria, Iraque, Jordânia, Líbano e Arábia Saudita) começa uma guerra contra Israel. O conflito resulta na vitória de Israel e no estabelecimento do Estado judeu, mas também em grandes deslocamentos de populações árabes e judaicas.

1956

Israel, juntamente com o Reino Unido e a França, reage à nacionalização do Canal de Suez pelo então presidente do Egito, Gamal Abdel Nasser. A Guerra de Suez começa em 29 de outubro e termina em 7 de novembro.

1964

A Organização para a Libertação da Palestina (OLP) é fundada, tornando-se a principal representante do recém-criado movimento nacional palestino.

1967

Israel lança ataques preventivos contra Egito, Síria e Jordânia, resultando em uma vitória rápida. Na Guerra dos Seis Dias, Israel conquista a Península do Sinai, a Faixa de Gaza, a Cisjordânia (incluindo Jerusalém Oriental) e as Colinas de Golã.

1973

Egito e Síria lançam um ataque-surpresa contra Israel no dia do Yom Kippur. Após um conflito intenso, um cessar-fogo é mediado pela ONU.

1978

Israel e Egito, sob mediação dos EUA, assinam os Acordos de Camp David, que abrem caminho para um dos eventos mais importantes das últimas décadas no Oriente Médio, concretizado no ano posterior.

1979

Menachem Begin e Anwar Sadat, representando Israel e Egito, assinam um histórico tratado de paz, que põe fim a hostilidades que duravam mais de quatro décadas. Israel se retira da Península do Sinai em troca do reconhecimento egípcio do direito à existência de Israel.

Radicais religiosos tomam o poder no Irã, que se transforma em uma ditadura teocrática. O regime que se apoderou do país passa a treinar e financiar grupos terroristas que se opõem ao modelo democrático de sociedade, representado, na região, por Israel.

1981

O presidente egípcio Anwar Sadat é assassinado por extremistas islâmicos durante um desfile militar no Cairo. O ato foi uma vingança pelo tratado de paz com Israel.

1982

Israel invade o Líbano para combater a OLP, que usava o território libanês para atacar Israel. O sul do Líbano foi ocupado até 2000.

1987-1993

Primeira Intifada, levante palestino contra a presença israelense na Cisjordânia e na Faixa de Gaza.

1993

Os Acordos de Oslo reacendem a esperança de uma paz duradoura e estabelecem a Autoridade Palestina como órgão de representação política dos palestinos.

1994

Israel e Jordânia assinam um tratado de paz, normalizando as relações entre os dois países.

1995

O primeiro-ministro israelense Yitzhak Rabin é assassinado por um extremista israelense durante uma manifestação pela paz em Tel Aviv.

2000-2005

A Segunda Intifada eclode após o colapso das negociações de paz. A violência resulta em numerosas mortes e na intensificação das hostilidades.

2005

Israel se retira unilateralmente da Faixa de Gaza, desmantelando assentamentos e bases militares. Bilhões de dólares começam a ser doados pela comunidade internacional, na esperança de que fossem investidos em educação, saúde e infraestrutura.

2006

Conflito entre Israel e o Hezbollah no sul do Líbano, resultando em uma guerra de um mês e um cessar-fogo mediado pela ONU.

2007

Em meio a uma guerra civil, o movimento terrorista Hamas expulsa os adversários palestinos do Fatah da Faixa de Gaza, assume o poder e instaura uma ditadura religiosa radical, que oprime mulheres e minorias. Seu principal foco é destruir Israel, a única democracia da região.

2020

Com a assinatura dos Acordos de Abraão, Israel normaliza relações com os Emirados Árabes Unidos e o Bahrein, seguidos por Sudão e Marrocos, marcando uma nova fase diplomática na região.

2023

O Hamas lança ataques terroristas contra Israel em 7 de outubro, matando 1,2 mil pessoas e sequestrando mais de 230. Israel responde com uma ofensiva militar na Faixa de Gaza.

2024

Até o envio deste livro para a impressão, no meio de setembro, pelo menos 60 reféns ainda permaneciam sequestrados pelo Hamas. Mísseis e bombas eram disparados diariamente na direção de Israel e milhares de vítimas inocentes ainda sofriam as consequências dos atos terroristas e da covardia do Hamas.

Capítulo II

Contextualização do conflito no Oriente Médio

Para entender o que realmente está em jogo no conflito entre Israel e Hamas, é essencial conhecer alguns dos principais eventos que marcam a linha do tempo que nos trouxe até aqui. Selecionei, a seguir, alguns fatos desse enredo. Compartilho também histórias de israelenses e palestinos que apostaram na paz, bem como reflexões pessoais sobre minhas viagens a Israel e à região, na perspectiva da solução para o conflito. Minhas reflexões não têm a intenção de esgotar o tema do ponto de vista histórico, mas sim de apresentar uma visão pessoal e o mais simplificada possível sobre o assunto.

Ponto de partida

Primeiro, é importante compreender a diferença entre Hamas e palestinos. Não são sinônimos. Hamas é um grupo fundamentalista religioso de orientação sunita que optou pelo terrorismo.

Sunitas e xiitas são dois ramos do islamismo que divergem sobre quem deveria ter sido o sucessor do profeta Maomé. Os sunitas acreditam que o líder poderia ser escolhido pela comunidade, enquanto os xiitas defendem que o líder deve ser um descendente direto de Maomé. Essa divisão gerou diferenças políticas e religiosas ao longo da História.

O Hamas enfrenta resistências entre os próprios palestinos, que têm no Fatah outro grupo com posições mais moderadas. Hamas e Fatah protagonizaram, em 2007, uma guerra civil pelo controle da Faixa de Gaza, vencida pelo Hamas depois de centenas de mortes de palestinos. O Fatah, representado pela Autoridade Palestina, governa, muitas vezes em cooperação com Israel, a região conhecida como Cisjordânia. O que acontece desde outubro de 2023 é uma reação de Israel contra o terrorismo do Hamas, e não uma guerra contra os palestinos. Aliás, a erradicação do Hamas fará bem aos palestinos que sonham com democracia e paz. Não são poucos, felizmente.

Frustração com a estagnação econômica e social

O crescimento do fundamentalismo islâmico em várias partes do Oriente Médio pode ser atribuído, em parte, à frustração com a estagnação econômica e social. Muitos países da região enfrentam desafios significativos, incluindo altas taxas de desemprego, pobreza, corrupção e falta de oportunidades educacionais e econômicas.

Essas condições criam um terreno fértil para o surgimento de movimentos fundamentalistas que prometem soluções radicais e rápidas para os problemas sociais e econômicos. O fundamentalismo islâmico oferece uma narrativa de resistência e pureza religiosa que atrai muitos jovens desiludidos com a situação atual.

Precisamos, porém, voltar ainda mais no tempo para compreender o que acontece atualmente.

Raízes antigas e profundas

A presença judaica naquela parte do mundo é constante e registrada há muito séculos. Nos tempos mais recentes, a imigração judaica aumentou significativamente a partir do final do século 18, alimentada pelo desejo de escapar das perseguições e pela aspiração de retornar à terra ancestral dos judeus. No final do século 19, o movimento sionista, liderado por Theodor Herzl, começou a ganhar força, defendendo a recriação de um lar nacional para o povo judeu na sua localização original, então parte do Império Otomano. Mas foi a partir do começo do século 20 que a autodeterminação nacional judaica ganhou novo impulso. A Declaração Balfour, de 1917, emitida pelo governo britânico, que controlava a região, foi um marco importante, pois expressou apoio à criação de um "lar nacional" para os judeus na sua terra ancestral.

Em 1947, a ONU aprovou um Plano de Partilha que propunha a criação de dois Estados independentes, um judeu e um árabe, na região da Palestina. Os líderes judeus aceitaram o plano, mas os líderes árabes e os países árabes vizinhos o rejeitaram. Em 14 de maio de 1948, David Ben-Gurion, líder do movimento sionista, proclamou a independência do Estado de Israel. No dia seguinte, uma coalizão de exércitos árabes invadiu o novo Estado, dando início à Guerra de Independência. Desde então, foram inúmeros conflitos, atentados e agressões que deixaram milhares de mortos inocentes em todos os lados das fronteiras.

Avanços e recuos

Os Acordos de Oslo marcaram um avanço significativo no processo de paz. Emoldurados pelos braços abertos do presidente dos EUA Bill Clinton, Yasser Arafat, representante palestino, e Yitzhak Rabin, primeiro-ministro de Israel, apertam as mãos em 1993, estabelecendo um caminho para a criação da Autoridade Palestina e para a retirada gradual das forças israelenses da Cisjordânia e de Gaza. Em 1994, Rabin, Arafat e o então ministro israelense das Relações Exteriores, Shimon Peres, receberam o Prêmio Nobel da Paz. No entanto, a implementação dos acordos enfrentou muitos desafios, e a violência continuou.

Chance desperdiçada

No ano 2000, o mais ousado e corajoso plano de paz elaborado até hoje foi apresentado pelo presidente dos EUA, Bill Clinton, e pelo primeiro-ministro de Israel, Ehud Barak, ao então líder palestino, Yasser Arafat. A maior parte das reivindicações palestinas foi atendida, e o prazo para a solução de alguns pontos sobre os quais não havia consenso foi estabelecido. Analistas e personagens envolvidos diretamente na negociação lamentam até hoje que tenha faltado coragem a Arafat para aceitar a proposta. Ficou clara, mais uma vez, a força dos radicais. Para eles, destruir Israel é o que realmente importa. Se não fosse isso, hoje os palestinos já poderiam ter seu lar nacional, com fronteiras estabelecidas, paz e investimentos internacionais em educação, saúde e infraestrutura. Para os fundamentalistas, os palestinos são massa de manobra para atacar e tentar destruir não um país chamado Israel, mas um modelo de sociedade democrática, com respeito a minorias e eleições livres que podem derrubar governos. Essa é a verdadeira ameaça para regimes e pessoas que se consideram donos de povos e de países.

Sim, é possível

Devemos sempre lutar contra as generalizações. Apesar das narrativas falsas, cada vez mais setores do mundo árabe compreendem os benefícios do respeito e da paz. Em momentos diferentes, Israel assinou acordos com países árabes, provando que a convivência é possível. O primeiro foi com o Egito, em 1979. Depois veio a Jordânia, em 1994, e, mais recentemente, os Acordos de Abraão normalizaram as relações entre Israel, os Emirados Árabes Unidos e o Bahrein. A paz não só é possível, como já existe.

Terrorismo e fanatismo

Boicotar a paz é o único caminho para quem defende as trevas. Em 7 de outubro de 2023, terroristas do Hamas invadiram Israel, assassinando cerca de 1,2 mil pessoas e sequestrando mais de 230. Israel reagiu e iniciou uma ofensiva militar contra os terroristas, que se escondem em escolas e hospitais, utilizando seu próprio povo como escudo, apesar dos avisos do Exército israelense, que pede à população civil que se retire das áreas antes dos ataques. Todas as mortes de civis devem ser condenadas e lamentadas. A vida é sagrada. Mas acusar unicamente Israel pelo que ocorre na Faixa de Gaza é injusto e errado. Trataremos mais adiante desse tema com mais profundidade, mas a fórmula para o fim dos conflitos é muito simples. Ela contém três ingredientes básicos: 1) reconhecer o direito à existência de Israel; 2) abrir mão do terrorismo; 3) punir os terroristas, de acordo com a lei. O resto, com certeza, se resolveria facilmente, como já se resolveu antes com Egito, Jordânia, Bahrein, Marrocos e Emirados Árabes Unidos. A paz com a Arábia Saudita está cada vez mais próxima.

O X da questão

O Irã e seus aliados Hamas, Hezbollah e Houthis se recusam a aceitar a existência de Israel. Usam a causa palestina como massa de manobra. Para ditadores fanáticos, legitimar a democracia seria decretar o próprio fim.

Para entender de perto

Minhas viagens a Israel e à região foram experiências transformadoras que me permitiram ver de perto as complexidades do conflito e as realidades vividas por israelenses e palestinos. Cada visita foi uma oportunidade de aprender, refletir e compreender melhor as nuances do que ocorre lá.

Minha primeira visita a Israel foi em 1979, quando participei de uma imersão na Universidade Hebraica de Jerusalém para aprofundar meus conhecimentos sobre o pensamento judaico e o Holocausto. Foi uma experiência extremamente significativa, pois eu já havia estudado história judaica, religião e costumes por nove anos. Estar em Israel permitiu-me vivenciar de perto essa história, entender os aspectos filosóficos da tradição e começar a construir uma vida comunitária com consistência. Naquele momento, o Tratado de Paz de Camp David entre Israel e Egito estava sendo assinado, formalizando a paz entre os dois países.

Esse acordo histórico, mediado pelos Estados Unidos sob a liderança do presidente Jimmy Carter, envolveu o presidente egípcio Anwar Sadat e o primeiro-ministro israelense Menachem Begin. Os principais pontos do tratado incluíram o reconhecimento mútuo dos Estados, a devolução do Sinai ao Egito, o estabelecimento de relações diplomáticas e a desmilitarização do Sinai. Nesse momento, o Egito não quis receber a Faixa de Gaza, que havia sido conquistada em 1967 com o Sinai.

Voltei a Israel em várias ocasiões, inclusive pouco depois dos atentados de 7 de outubro de 2023. Escreverei sobre essa experiência mais adiante. Outra viagem que merece destaque foi a de 1995. Nessa visita, fui acompanhado pelo rabino Henry Sobel, que oficiou meu *bar mitzvah* (cerimônia que marca a entrada de um judeu, ao completar treze anos, na vida adulta religiosa) e sempre foi uma grande inspiração para mim, especialmente por seu trabalho em prol da democracia e do diálogo inter-religioso. Fui convidado por Jack Terpins, um amigo de mais de quarenta anos, que não só me introduziu em várias iniciativas dentro da comunidade, mas também me apoiou para que eu ocupasse posições de liderança na estrutura comunitária. Hoje sou seu assessor no Congresso Judaico Latino-Americano e, com muito orgulho, seu sucessor na Confederação Israelita do Brasil. O encontro com palestinos em 1995 foi marcante. A presença do rabino Henry Sobel contribuiu significativamente para o entendimento de que a paz exige concessões e confiança.

Acredito muito na força do diálogo e busco exercer essa prática diariamente, inclusive com aqueles de quem discordo, pois acredito que discordar não é sinônimo de brigar. Se bem administradas, com civilidade e vontade de construir, as divergências são oportunidades para refletir e evoluir.

A busca por paz e justiça

A busca por paz e justiça no Oriente Médio é uma jornada desafiadora. Com base em minhas experiências e reflexões, acredito que alguns princípios fundamentais podem guiar esse caminho:

Reconhecimento mútuo

Ambas as partes devem reconhecer o direito do outro de existir e viver em paz e segurança, incluindo o reconhecimento do Estado de Israel e o direito dos palestinos à autodeterminação.

Coexistência pacífica

Requer um compromisso com a não violência e o respeito pelos direitos humanos, com ambos os lados renunciando ao uso da força e buscando resolver suas diferenças por meio do diálogo e da negociação.

Justiça e igualdade

Todos os indivíduos, independentemente de sua origem étnica ou religiosa, gênero e posição política, devem ter acesso a oportunidades iguais e ser tratados com dignidade e respeito.

Educação e cultura

Programas educacionais que promovem a compreensão mútua e a tolerância, além de iniciativas culturais que celebram a diversidade, são fundamentais para a construção de uma base sólida para a coexistência pacífica.

Fim do terrorismo

É importante relembrar, sempre, que o Hamas não representa todos os palestinos, apesar de tentar passar essa imagem através de mentiras e desinformação. O grupo terrorista desconsidera todas as condições básicas de convivência em um mundo pautado por valores humanos e éticos.

Histórias de pessoas

Pensada em termos abrangentes, as soluções, muitas vezes, parecem distantes e difíceis. Mas quando as pessoas constroem pontes de confiança e amizade, fica mais fácil compreender que a paz está ao alcance das nossas mãos. E dos nossos corações.

Rami Elhanan e Bassam Aramin

Rami é israelense. Perdeu a filha em um atentado suicida em 1997. Bassam é palestino. Perdeu a filha em 2007, quando ela foi morta por um soldado israelense. Apesar da dor e das suas perdas devastadoras, ambos se uniram por meio do *Parents Circle – Families Forum* (PCFF), formado por israelenses e palestinos que perderam entes queridos no conflito. Eles agora trabalham juntos para promover a paz e a reconciliação entre os dois povos, acreditando que o ciclo de violência só pode ser interrompido pelo diálogo e entendimento mútuo. Juntos, dão palestras pelo mundo e, com o tempo, se tornaram amigos.

Futuro

Devemos trabalhar para que, cada vez mais, israelenses e palestinos se unam não pela dor, mas pelo respeito, pela compreensão e pela paz, em um ambiente de liberdade e prosperidade.

A importância da educação

A educação é uma ferramenta poderosa para a paz. Programas educacionais que promovem a compreensão mútua, a tolerância e o respeito pelos direitos humanos são essenciais para criar um ambiente de paz e segurança.

Reflexões pessoais

Os atentados terroristas do Hamas são uma manifestação extrema do fundamentalismo islâmico, uma ideologia que nega a liberdade e os direitos humanos fundamentais. Esses ataques são um lembrete cruel de que Israel está na linha de frente da batalha entre a civilização democrática e a barbárie. Em abril de 2024, durante uma conferência em

Israel, testemunhei a resiliência do povo israelense diante das ameaças constantes.

Encontro com o ministro da Diáspora de Israel

Logo depois dos atentados do Hamas, reuni-me com o ministro da Diáspora de Israel, Nachman Shai, para discutir a importância da solidariedade global e do apoio internacional a Israel. O Ministério da Diáspora é o responsável pela ligação com as comunidades judaicas fora de Israel. O ministro destacou que combater o terrorismo e o fundamentalismo é uma responsabilidade coletiva das nações democráticas.

Apoio internacional

O apoio internacional a Israel é crucial para a manutenção da paz e da segurança na região. Como presidente da Confederação Israelita do Brasil, estou empenhado em fortalecer os laços entre o Brasil e Israel, promovendo um entendimento mais profundo e uma cooperação mútua.

A busca por uma paz duradoura no Oriente Médio exige perseverança, entendimento e disposição para o diálogo. É vital que o mundo compreenda o que realmente está em jogo na região. Israel representa a democracia e a liberdade que o fundamentalismo pretende aniquilar. Embora Israel não seja perfeito e tenha suas falhas, defende valores que incomodam ditadores e fanáticos. Estes, sim, são os verdadeiros inimigos.

Capítulo III

Antissemitismo e antissionismo

Por que isso importa?

A História comprova que o ódio aos judeus nunca está sozinho. Inúmeros fatores levaram os judeus a estarem na linha de frente desse embate entre a luz e as trevas. Mas, mais cedo ou mais tarde, o preconceito mostra a sua face mais abrangente, que é a intolerância e a perseguição a tudo aquilo que desafia uma visão totalitária e sectária de mundo. A luta contra o antissemitismo é, na verdade, a luta pelo direito à diferença e à pluralidade de fés, de gêneros, de raças, de identidades nacionais e de ideologias. O Holocausto é o maior exemplo contemporâneo desse embate. Além de seis milhões de judeus, foram perseguidos e assassinados ciganos, comunistas, adversários do regime em geral, LGBTQIA+, pessoas com deficiência e pessoas idosas, que não tinham mais capacidade de executar trabalhos forçados. O Irã e seus aliados não conseguirão destruir Israel e os judeus. Para eles, pode acreditar, esse seria apenas o primeiro passo de uma jornada de fanatismo do tamanho do mundo. Adolf Hitler tentou antes. Não conseguiu.

Definição de antissemitismo

É o preconceito, a hostilidade ou a discriminação contra judeus. Há três vertentes mais comuns do antissemitismo, que se manifesta de várias formas, conscientes e inconscientes, ao longo dos séculos.

- **O antissemitismo racial** é o preconceito e a discriminação contra os judeus com base na crença de que eles são racialmente inferiores ou têm características genéticas negativas. Esse tipo de antissemitismo foi especialmente prevalente na ideologia nazista, que levou ao Holocausto.

- **O antissemitismo religioso** é o preconceito e a discriminação contra os judeus com base em religião e práticas religiosas. Historicamente, isso levou a perseguições, expulsões e violência contra comunidades judaicas.

- **O antissionismo** é a oposição ao sionismo, o movimento nacional para a criação e o apoio a Israel. A negação do direito de autodeterminação do povo judeu é uma forma moderna de antissemitismo, especialmente quando é acompanhada por retórica ou ações que demonizam ou deslegitimam Israel.

Os atentados do Hamas, que iniciou uma guerra ao invadir Israel, assassinaram 1,2 mil pessoas e sequestraram mais de 230, consolidando o antissionismo como a nova expressão de ódio aos judeus. Uma frase simboliza esse anseio pela violência e pelo extermínio: "*From the river to the sea, Palestine will be free*", ou, traduzindo: "Do rio ao mar, a Palestina será livre". O rio em questão é o Jordão. O mar, o Mediterrâneo. Entre eles, existe um país, Israel, com 9,5 milhões de habitantes. O cântico, repetido por radicais e por inocentes úteis, prega a destruição da única democracia da região e de seu povo.

Estados Unidos

A ADL, Liga Antidifamação, publica anualmente um levantamento sobre casos de antissemitismo nos Estados Unidos.

O mais recente se refere a 2023. Os casos registrados cresceram 140% nos EUA. Foram 8.873 incidentes, o maior número desde que o estudo começou a ser elaborado. A maioria das agressões e ameaças contra judeus aconteceu depois de 7 de outubro de 2023, dia em que o Hamas atacou Israel.

Brasil

Um levantamento da Confederação Israelita do Brasil e da Federação Israelita de São Paulo revelou que, em outubro de 2023, logo depois dos atentados do Hamas, os casos de antissemitismo dispararam no Brasil. Foram 467 denúncias registradas em um único mês, um aumento de 961% em relação ao mesmo período do ano anterior. Esse dado se refere, importante ressaltar, apenas aos casos registrados. Vários fatores, analisados em outros capítulos, contribuíram para esse fenômeno. Infelizmente, como já afirmado antes, esse ódio não é novo.

As origens

Durante a Antiguidade, muitas vezes os judeus eram vistos com desconfiança por outras culturas, principalmente pelo fato de a religião judaica ser monoteísta – a primeira grande religião a acreditar em um D'us único. A recusa em adotar os deuses locais levou à marginalização e perseguição. Um dos principais mitos que alimentaram – e ainda alimentam – o antissemitismo é a falsa afirmação de que os judeus mataram Jesus Cristo. Seria necessário outro livro para aprofundar todas as causas e implicações desse mito, já desmentido por papas e inúmeros teólogos cristãos. Em 1965, o Papa João XXIII retirou a acusação de deicídio (o ato de matar ou ser responsável pela morte de um D'us, geralmente usado para se referir à morte de Jesus Cristo na tradição cristã). Durante séculos, e até hoje, essa narrativa falsa serviu de pretexto para ódio e perseguições. Jesus Cristo era judeu. Seus apóstolos eram judeus. Todos viviam em uma região habitada por judeus. E, como em qualquer sociedade, há pessoas boas e pessoas más. Generalizar é injusto e perigoso. Jesus foi julgado e condenado por romanos, naquela época. O governador da então província da Judeia era o romano Pôncio Pilatos, que "lavou as mãos" ao não intervir no julgamento. Inúmeras fontes convergem para a certeza de que Pilatos foi motivado pelo antissemitismo, já que Jesus era judeu. Hoje os principais líderes cristãos do mundo estão engajados, ao lado de líderes de várias religiões, entre eles judeus e muçulmanos, na construção de pontes de diálogo e convivência pacífica. Esses sentimentos nobres e humanos, infelizmente, são combatidos por governos e grupos fundamentalistas, como Irã, Hamas e Hezbollah, que se alimentam do ódio e da violência. A paz e a liberdade, para eles, significariam o fim do seu poder.

O Caso Dreyfus foi um notório caso de injustiça e antissemitismo que ocorreu na França, na transição do século 19 para o século

20. Alfred Dreyfus era um oficial de origem judaica de artilharia do exército francês e, em 1894, foi falsamente acusado de entregar segredos militares franceses à Alemanha. A acusação se baseou em provas frágeis e documentos falsificados. Dreyfus foi julgado e condenado por um tribunal militar. A pena: prisão perpétua na Ilha do Diabo, uma colônia penal na Guiana Francesa. O julgamento foi marcado por graves irregularidades, preconceitos e uma atmosfera de antissemitismo. Mais tarde, surgiram evidências de que o verdadeiro traidor era outro oficial, Ferdinand Walsin Esterhazy. No entanto, devido ao desejo do Exército francês de evitar um escândalo, essas evidências foram inicialmente suprimidas. O caso foi reaberto em grande parte em virtude dos esforços de intelectuais e escritores, incluindo Émile Zola, que publicou a famosa carta aberta "J'accuse...!" em 1898, acusando o governo e o Exército de encobrir a verdade. A pressão levou ao reexame do caso. Dreyfus foi reintegrado ao Exército. Ele recebeu a Legião de Honra em 1906 como reconhecimento de sua inocência. O Caso Dreyfus expôs o antissemitismo na sociedade europeia e gerou debate sobre direitos humanos, justiça e papel da mídia. O jornalista judeu austro-húngaro Theodor Herzl, considerado pai do sionismo moderno, cobriu esse caso. Herzl, que será citado mais adiante, ficou profundamente impactado pela injustiça e, a partir daí, reforçou a sua crença de que os judeus precisavam de um lar nacional. Em 1896, publicou o livro *O Estado judeu*.

Embuste

Os protocolos dos sábios de Sião é um livro antissemita elaborado pela polícia secreta russa no começo do século 20. Ele narra uma suposta conspiração judaico-maçônica para dominar o mundo. O jornal *The Times*, do Reino Unido, revelou, em 1921, que o texto era falso e apresentava diversas passagens plagiadas e copiadas de várias fontes, entre elas *Diálogo no Inferno entre Maquiavel e Montesquieu*, obra satírica do escritor francês Maurice Joly que nada tinha a ver com os judeus.

A teoria conspiratória de que os judeus planejavam dominar o mundo teve forte influência sobre o surgimento do nazismo, na Alemanha, na primeira metade do século 20.

No século 21, o antissemitismo continua a ser uma ameaça persistente, manifestando-se em ataques violentos contra indivíduos e instituições judaicas, vandalismo de sinagogas e cemitérios, e retórica de ódio, tanto online quanto offline. A ascensão do nacionalismo e do populismo em várias partes do mundo tem alimentado um ressurgimento do antissemitismo, com teorias da conspiração e estereótipos antigos sendo reciclados e disseminados.

A Editora Revisão, fundada em 1982 por Siegfried Ellwanger Castan, publicou diversos livros negacionistas sobre o Holocausto, ou seja, obras que negam ou minimizam o genocídio de seis milhões de judeus pelos nazistas durante a Segunda Guerra Mundial. Não é um caso isolado. Mundo afora, redes de ódio se articulam permanentemente. Esses livros também continham teorias da conspiração e outras formas de discurso de ódio contra judeus. Diante disso, entidades judaicas e ligadas aos direitos humanos acionaram a Justiça. O processo resultou em uma condenação, em 1991, quando o Tribunal de Justiça do Rio Grande do Sul, estado-sede da editora, considerou que as publicações configuravam incitação ao preconceito e à discriminação racial. Em 1994, o Supremo Tribunal Federal (STF) do Brasil manteve a condenação, confirmando que a Constituição brasileira e as leis do país proibiam a prática de racismo e qualquer forma de discriminação.

A decisão judicial contra a Editora Revisão foi um marco fundamental, pois reforçou a importância da luta contra o preconceito e o discurso de ódio. Uma mentira, mesmo quando contada em um livro, continua sendo uma mentira. Dentre os tantos que participaram dessa conquista para a liberdade e a democracia, é importante destacar Helio Neumann Sant'Anna, Henry Sobel, Décio Milnitzky, Jack Terpns, Celso Lafer, Miguel Reale Jr., Izidoro Blickstein, Sonia Ramagem, Luís Milman, Mauro Nadvorny e Jair Krischke. Suas contribuições jurídicas e seus depoimentos nos tribunais foram decisivos para que a justiça fosse feita.

A Aliança Internacional para a Memória do Holocausto (IHRA) é uma organização intergovernamental que conta com 35 países membros e nove países observadores. Foi fundada em 1998 pelo ex-primeiro-ministro sueco Göran Persson e aborda questões relacionadas ao Holocausto e ao genocídio dos ciganos, igualmente considerados uma "raça inferior" pelos seguidores de Adolf Hitler. Não existem números exatos, mas estima-se que entre 250 mil e quinhentos mil ciganos tenham sido assassinados pelos nazistas, entre 30% e 50% da população total dessa etnia existente na Europa antes de 1939.

Um dos principais objetivos da IHRA é ajudar pessoas de diferentes países a trabalhar em conjunto em relação ao preconceito e ao ódio religioso, étnico, cultural e racial, por meio da conexão entre legisladores, pesquisadores, acadêmicos, educadores e representantes de museus e memoriais.

Jeito de ser

As identidades das pessoas não são formadas por um único elemento, são a combinação de vários. A exigência de uma uniformidade absoluta é típica de regimes totalitários, sejam eles de esquerda ou de direita. Existem muitas maneiras de ser brasileiro, americano ou francês. Aqui no Brasil, os judeus estão plenamente integrados nas comunidades em que estão inseridos, mantendo sua religião e uma ligação ancestral com a terra de seus antepassados, Israel. Nada muito diferente dos descendentes de italianos, árabes, alemães e japoneses que mantêm sua culinária, idioma, dialetos, danças e trajes típicos. Isso não os faz mais ou menos brasileiros. Aliás, nosso modelo de convivência pacífica é uma referência para outros países que enfrentam tensões étnicas inexistentes entre nós.

Antissemitismo disfarçado de antissionismo

Enquanto é perfeitamente legítimo criticar políticas do governo israelense, a linha é cruzada quando essas críticas se transformam em negação do direito à existência de Israel ou aplicação de padrões de julgamento e crítica não aplicados a outros países. O antissionismo virou um disfarce para o antissemitismo, permitindo que o ódio contra os judeus seja expresso sob o pretexto de críticas a Israel.

O sionismo e seu contexto histórico

O sionismo moderno surgiu no final do século 19, como uma resposta ao antissemitismo generalizado na Europa e à crescente consciência nacional entre os judeus. Liderado por Theodor Herzl, o sionismo defendia a recriação de um Estado judeu em sua terra original, a terra ancestral dos judeus, como uma solução para a perseguição e a marginalização que enfrentavam. O sionismo pode ser visto como um movimento anticolonialista, pois buscava a autodeterminação do povo judeu em sua terra ancestral. Em um período em que muitos povos estavam lutando contra o colonialismo e buscando a independência, o sionismo representava o desejo dos judeus de recuperar sua soberania e construir uma nação onde pudessem viver livres de perseguição.

Criação do Estado de Israel

Em 1948, após a Segunda Guerra Mundial e o Holocausto, o sonho sionista foi realizado com a criação do Estado de Israel. A proposta previa a criação de dois Estados – um judeu e outro árabe. Os árabes não aceitaram. Falaram em "empurrar os judeus para o mar", manifestação genocida, revisitada agora nos cânticos dos apoiadores do Hamas. A fundação de Israel, aprovada pela ONU, foi um momento de grande alegria e realização para os judeus, mas também marcou o início de um conflito prolongado com setores da sociedade árabe, que se recusaram a aceitar a criação de um Estado judeu democrático na região.

Resiliência e busca pela dignidade

Elie Wiesel foi um sobrevivente do Holocausto e um dos mais proeminentes defensores dos direitos humanos. Nascido na Romênia, Wiesel foi deportado para Auschwitz em 1944, onde perdeu a maior parte de sua família. Após a guerra, ele se dedicou a educar o mundo sobre os horrores do Holocausto e a lutar contra o antissemitismo e outras formas de ódio. Escreveu 57 livros e ganhou o Nobel da Paz em 1986. Na obra *A Noite*, Wiesel descreve suas experiências nos campos de concentração e a luta pela sobrevivência. Sua resiliência e determinação em manter viva a memória das vítimas do Holocausto são um testemunho poderoso da busca por dignidade e justiça.

A história de Deborah Lipstadt

Deborah Lipstadt é uma historiadora e autora que se tornou figura central na luta contra o negacionismo do Holocausto. Em 1996, Lipstadt foi processada por difamação pelo negacionista do Holocausto David Irving, após ela ter descrito suas atividades no livro *Denying the Holocaust* (Negando o Holocausto). O caso resultou em um julgamento histórico em Londres, no qual Lipstadt e sua equipe de defesa provaram que Irving havia distorcido e manipulado evidências para negar o Holocausto. A vitória de Lipstadt no tribunal foi um marco importante na luta contra o antissemitismo e o negacionismo do Holocausto. Sua coragem e determinação em defender a verdade histórica são um exemplo inspirador de resiliência e compromisso com a justiça. Sua história está relatada no filme *Negação*.

Hannah Arendt foi uma filósofa e teórica política judia que fugiu da Alemanha nazista e se estabeleceu nos Estados Unidos. No livro *Origens do totalitarismo*, Arendt explora as raízes do antissemitismo e do totalitarismo, oferecendo uma análise profunda das forças que levaram ao Holocausto. Arendt também escreveu sobre o julgamento de Adolf Eichmann, um dos principais arquitetos do Holocausto, no livro *Eichmann em Jerusalém: um relato sobre a banalidade do mal*. Seu trabalho destacou a importância de entender as origens e as manifestações do antissemitismo para prevenir futuras atrocidades.

Cerca de quinze mil sobreviventes do Holocausto emigraram para o Brasil. Foram acolhidos e se integraram plenamente à sociedade, juntamente com outras correntes migratórias e étnicas que aqui convivem em paz e harmonia. O Museu do Holocausto, em Curitiba, é uma referência na preservação da história de tais homens e mulheres que encontraram no Brasil a esperança e a força para recomeçar suas vidas.

Natan Sharansky é um ativista de direitos humanos e ex-prisioneiro político soviético que se tornou defensor proeminente dos direitos dos judeus e da autodeterminação. Nascido na União Soviética, Sharansky foi preso por suas atividades em defesa dos direitos humanos e passou nove anos em um campo de trabalho forçado. Após sua libertação, emigrou para Israel e continuou sua luta pelos direitos humanos e pela paz. Ele serviu como ministro do governo israelense e escreveu vários livros a respeito de sua experiência e suas visões sobre a democracia e a liberdade. Sua história é um testemunho de resiliência e busca por dignidade e autodeterminação.

Capítulo IV

7 de outubro de 2023

Minha primeira intenção era fazer uma entrevista com Dany Cohen. Ele é brasileiro, paulista, arquiteto, tem 27 anos e mora em Tel Aviv, Israel. Dany é um dos sobreviventes do massacre perpetrado pelo Hamas em uma festa no sul de Israel em 7 de outubro de 2023. Em meio a um festival de música, os terroristas assassinaram 364 pessoas. No total, em um único dia, foram 1,2 mil. Mais de 230 foram sequestradas. O registro da História é fundamental, não apenas pelo que está em jogo hoje, mas também, principalmente, em nome do amanhã. Quando comecei a ouvir o relato de Dany, entendi que incluir minhas eventuais perguntas seria desnecessário. As respostas já estavam todas ali.

O relato de um sobrevivente brasileiro

Eu havia retornado recentemente do Brasil, onde vivem minha família e muitos dos meus amigos. Pela primeira vez, entrei em Israel como cidadão. Era um momento especial. Eu começava a ter a vida que escolhi. Era quarta-feira, 4 de outubro de 2023. Meu melhor amigo em Tel Aviv, José Guilherme Sasson, me falou sobre uma festa de música eletrônica no sul, a Tribe of Nova, que começaria na sexta e terminaria no sábado. "Vamos", respondi. Formamos um grupo com quatro brasileiros e um argentino. Compramos barraca, cadeiras, tatames e uma rede; nos abastecemos com pão, uvas, queijo, pastrami e homus, um creme à base de grão-de-bico. O plano era viver uma noite inesquecível. Realmente foi, mas por motivos que, naquele momento, jamais poderíamos imaginar. É comum que a localização exata desse tipo de festa seja informada pouco antes de começar. Por volta das oito da noite, recebemos o endereço por mensagem no telefone. Lembro que comentamos: "Fica muito perto de Gaza", uma região governada por um movimento terrorista. Fizemos os cálculos. Fazia meses que a situação estava calma por lá. E, se algum míssil fosse lançado, haveria tempo para buscar abrigo. Apesar das tensões, nos sentíamos absolutamente seguros em Israel, que é um país pequeno. Calculamos que levaríamos uma hora e meia para chegar. E fomos, ouvindo música eletrônica, é claro. No caminho, fui mostrando a um dos amigos, que havia chegado recentemente a Israel, os abrigos seguros, que chamamos de *bunkers* e estão por toda parte. Os *bunkers* públicos ficam sempre próximos a pontos de ônibus. São caixas de concreto, sem portas, para que as pessoas possam entrar mais rapidamente em caso de ataque aéreo. Quando o sistema de defesa israelense detecta um míssil sendo lançado em direção ao país, os alarmes são acionados. Em Tel Aviv, temos por volta de um minuto e meio para buscar abrigo, mas, na localização em que estávamos, esse tempo era de menos de vinte segundos, devido à proximidade de Gaza. Estamos acostumados. Infelizmente, faz parte da rotina por aqui. Identificar os *bunkers* pelo caminho reforçou nossa certeza de que não corríamos perigo. Não vai acontecer. E, se acontecer, temos o Iron Dome (Cúpula de Ferro), um dos mais modernos sistemas de interceptação de mísseis do mundo. E temos os *bunkers*. Nem em nossos piores pesadelos poderíamos antever que o ataque, dessa vez, seria bem diferente.

Fomos um dos primeiros a chegar. Os portões ainda estavam fechados. O local tinha o perímetro cercado e a proteção coberta por uma espécie de pano preto. Eram dez da noite, horário previsto para o início, mas houve um pequeno atraso. Ali, na entrada, começamos a conversar entre nós e com outras pessoas que chegavam de vários pontos do país. Assim que nos deixaram entrar, fomos para o acampamento.

Como havíamos levado uma rede, procuramos um local onde o espaço entre duas árvores pudesse ser usado para prendê-la. Logo achamos. Essas árvores teriam, mais tarde, um significado especial na minha vida. Nós nos vestimos para a festa. Lembro que um dos meus amigos usava uma roupa azul, inspirada no filme *Avatar*. A área da festa era grande. Além de locais para as barracas, havia três tendas. Uma delas, roxa, era a principal. Contava com um palco, onde DJs se revezavam. Havia outra tenda menor, também com música, e uma terceira, um espaço para quem quisesse relaxar, meditar ou descansar.

Enfim, a festa começou. É difícil descrever o que aconteceu nas horas seguintes. É uma experiência sensorial profundamente individual, mas intimamente ligada ao coletivo. A música, a sensação de liberdade, a presença dos amigos. Você dança, você para, você vai ao banheiro, você conversa. As coisas vão acontecendo em um ritmo próprio e belo. Lembro quando disse ao José Guilherme: "Nossa vida está começando hoje". Estava, de uma maneira única.

Eram mais ou menos seis e meia da manhã, um pouco antes ou um pouco depois, quando a música foi cortada. Parou de repente. Pensei logo em alguma pane elétrica. Eu estava na tenda roxa. Olhei para o céu e vi riscos de fumaça. Em uma fração de segundo, me dei conta de que eram mísseis. Peguei no braço do José Guilherme e disse: "Vamos sair daqui". Foi um choque muito grande. Eu estava 100% mergulhado na festa e, de repente, tive de virar uma chave, a da sobrevivência, sem saber se ela iria funcionar. Eu só pensava, no meio do turbilhão: "Preciso fazer alguma coisa, preciso me proteger". O terreno da festa era aberto, sem referências de prédios ou ruas que pudessem indicar um caminho. Não sei, racionalmente, por que fizemos o que fizemos. Nossa primeira reação foi voltar ao acampamento, pegar nossos documentos e correr para o estacionamento. "Depois a gente volta e pega o resto", cheguei a dizer. No caminho até nosso carro, eu puxava meu amigo para que nos abaixássemos. Sentia que a qualquer segundo poderíamos ser atingidos. Olhávamos para o céu e víamos os mísseis explodindo, interceptados pelo sistema de defesa de Israel. Entramos no carro, o mais abaixados possível. Estávamos assustados, mas sabíamos que as chances de um míssil cair sobre nós eram pequenas. Até ali, ainda não sabíamos o que, de fato, estava acontecendo. Depois de desviar de carros e de pessoas que buscavam desesperadamente uma rota de fuga, conseguimos sair da área da festa em direção ao norte até encontrar um *bunker*. Não sei precisar quanto tempo depois, mas achamos. Era pequeno, tinha uns quinze metros quadrados. Estava abarrotado de gente. Não cabia mais ninguém. Muita gente morreu dentro dos *bunkers*, vítimas de granadas e tiros dos terroristas. Fomos para a parede oposta ao caminho dos mísseis e ficamos algum tempo ali. Foi quando ouvimos, pela primeira vez, os sons dos tiros. Até então não tínhamos noção de que o ataque era bem mais amplo, que centenas de terroristas haviam invadido Israel e que, naquele exato instante, perpetravam o maior massacre de judeus desde o Holocausto. Decidimos voltar para o carro e tentar fugir. Fomos interrompidos por um engarrafamento, com cerca de dez carros parados em fila. Foi quando vi três terroristas, usando uniformes militares, cruzando a via em direção aos arbustos. Eles atiraram nos carros da frente. "Sai daqui! Sai daqui!", gritamos para o nosso amigo motorista, que conseguiu dar uma volta de 180 graus na estrada e retornar para o sul, na direção da festa de onde tentávamos fugir. Não havia outra opção. Alguns quilômetros depois, não muitos, a estrada estava novamente interrompida por carros parados, pelo mesmo motivo anterior: terroristas que bloquearam as saídas possíveis, atirando em quem tentava escapar. Saíamos do asfalto em alta velocidade, pela terra, até chegarmos a outra rodovia, esburacada pelo impacto de mísseis. Fomos contornando até chegar a um posto de gasolina. Achamos ali um *bunker* reforçado. Dentro dele, pessoas que haviam fugido da festa e ciclistas que praticavam seu esporte naquela manhã. Ficamos uma hora ali, escondidos. Testemunhei ataques de pânico, desespero, choque. E os telefones de todos tocando sem parar. Eu tentava entender o que estava acontecendo. Recebemos o aviso de que policiais iriam chegar em breve. Saímos do *bunker* e corremos na direção deles, que estavam em roupas civis. Um dos agentes nos deu uma rota de fuga. "Saiam daqui agora", ordenou. O caminho indicado previa uma passagem por Beer Sheva, uma cidade mais ao sul. Não fazia sentido. "Beer Sheva?", perguntamos. "É a sua vida! Sua vida depende disso!", ele gritou. Começou um tiroteio. Não sabíamos de onde vinham os tiros. O policial sacou sua arma. Nós corremos, mais uma vez, em direção ao carro. Paramos cinco vezes no caminho, deixando o carro na via, para que pudéssemos buscar qualquer forma de abrigo. Os mísseis sobrevoavam nossas cabeças. Nós nos escondemos atrás de muretas de concreto, túneis de água e embaixo de um estacionamento, quando já estávamos mais próximos das cidades. Até lá, a maior parte do caminho era em áreas desérticas, com pouca infraestrutura que pudéssemos usar como abrigo. Dependíamos das paredes de concreto de um metro de altura que separavam as vias da natureza para buscar proteção. Por volta das onze da manhã, chegamos à barreira de isolamento imposta pelo Exército para impedir que os terroristas chegassem ao norte. Recebemos pelo celular a notícia, desmentida dias depois, de que havia terroristas em Tel Aviv, para onde pretendíamos rumar. Fomos para uma localidade ali perto, Ramat Gan. A essa altura, meu celular recebia dezenas de mensagens e vídeos dos ataques.

Foi então que consegui falar com o Brasil. Era meio-dia em Israel, seis da manhã em São Paulo. Só fiz contato quando tive certeza de que estava em segurança. Coloquei uma mensagem no grupo da família no WhatsApp. Como era muito cedo no Brasil, apenas uma tia viu no primeiro momento. Ela nem sabia ainda o que estava acontecendo. "Estamos em guerra", expliquei.

Hoje, fazendo uma retrospectiva do que aconteceu naquele 7 de outubro, penso que, várias vezes, estive a poucos metros dos terroristas que assassinaram 240 pessoas na festa onde eu estava, 1,2 mil no total. Alguns segundos me separaram da morte naquele amanhecer de outono. Fico tentando entender. Tenho duas dimensões para tentar explicar o inexplicável. A primeira tem a ver com uma palavra em hebraico. *Mazal* significa sorte. Mas, se separarmos as três letras da palavra original, teremos as iniciais de três outras palavras. M, de *Macom*, que significa lugar. Z, de *Zman*, tempo. E L, de *Laassot*, fazer. Ou seja, a sorte é a combinação de um lugar, um tempo e uma ação. Não saberia explicar por que em determinado momento decidimos ir para um lado, e não para o outro. Muito menos por que paramos em um posto ou em um abrigo, e não no seguinte ou no anterior. Acredito que, de alguma forma cósmica, eu e meus amigos estávamos no lugar certo para tomar a decisão certa. Por mais estranho que seja, estamos vivos para provar que tomamos as decisões corretas em um contexto de pressão e tensão máximas. Entra aí a segunda dimensão da minha explicação. Parte da minha família veio do Líbano. Tenho uma ligação ancestral com o Oriente Médio. Sinto que as energias que me guiam, que me movem, estão conectadas a algo que não sei descrever, mas que sinto. Naquele momento, teria sido natural, por exemplo, buscar abrigo em um *kibutz* (fazenda coletiva) da região. Teria sido uma decisão de consequências catastróficas, porque a maioria dessas comunidades foi massacrada em 7 de outubro.

Depois de voltar para casa, em Tel Aviv, e de compreender exatamente o que havia acontecido, vivi momentos difíceis. A empresa na qual trabalho, a Beam Up, que atua na área de inteligência artificial voltada à segurança, me enviou para Barcelona. Depois, para Madri. Eu não estava feliz. "Exílio" é uma palavra que não faz mais parte do meu dicionário. Eu me sentia um refugiado de guerra, sem lugar para ir, sem pessoas de confiança, embora tivesse todo o apoio familiar, mesmo que de longe. Queria estar em Israel. Meus pais perguntaram se eu queria voltar para o Brasil, país onde nasci, pelo qual tenho imenso carinho e com o qual manterei sempre vínculos profundos. Acabei voltando para São Paulo, porém eu estava abalado e sentia que Israel era o único lugar onde eu poderia me curar. Me afastar mais foi muito doloroso, mas, dada a situação de instabilidade e incerteza, acredito ter feito a escolha certa de ir rever minha família depois de tudo. Recebi ajuda de terapeutas, apoio de amigos e de familiares. A rede de suporte ajudou a amortecer o impacto da queda.

Não sinto ódio e raiva. Se um morador civil de Gaza batesse à minha porta, eu o convidaria a entrar e conversar. Quero conhecer mais sobre a realidade do que acontece lá.

Algo muito básico mudou na minha vida desde aquele dia de outubro. Sinto uma enorme gratidão por quem está lutando agora para que eu possa estar aqui, contando a minha história. Minha gratidão é ainda maior porque sei que eles não estão lutando só por mim. Estão arriscando suas vidas para defender valores, para defender a liberdade, o respeito, a pluralidade e a democracia, inclusive para aqueles que não compreendem a real dimensão do conflito.

Hoje mísseis poderosos são enviados para Israel do Irã, do Líbano, de Gaza, do Iraque, do Iêmen... Israel é um país muito pequeno. Não é uma luta por terra, muito menos a favor dos palestinos. É uma luta entre visões de futuro. Uma, baseada no radicalismo e no ódio. A outra, na democracia. Discordar não é feio nem nos faz inimigos, desde que sejamos humanos, na dimensão mais verdadeira da palavra.

Um dos meus melhores amigos aqui em Israel é um druso. Ele tem posições muito críticas, até antagônicas, em relação ao Estado de Israel. Mas me acolheu como um verdadeiro amigo em outubro do ano passado. Em julho de 2024, um míssil lançado do Líbano pelo Hezbollah matou doze crianças perto da casa dele – uma delas era da sua família. Eu o acolhi como um amigo. Há valores humanos muito maiores do que nossas diferenças políticas e religiosas; são as pontes que levam à paz. Paz, antes de ser vitória, é saber conceder e acolher. A paz não está nos documentos, muito menos nas armas. Está nas pessoas.

Quando vejo hoje, oitenta anos depois do Holocausto, a Alemanha como um dos principais aliados de Israel, acredito que palestinos e israelenses viverão em paz um dia, mesmo que não concordem em tudo.

Voltei pelo menos cinco vezes ao local do massacre de 7 de outubro. Dedico-me hoje, entre outras coisas, a guiar grupos ao local, estar ao lado de familiares de pessoas que continuam sequestradas, pessoas que perderam seus entes queridos, ex-sequestrados que voltaram de Gaza. Minha única missão é trazer luz sobre as diferentes histórias que se passaram no dia 7 de outubro. Educar é fundamental. Por isso, tenho o dever de contar a minha história e agradeço a oportunidade de publicá-la neste livro. A memória é parte da História e do legado do povo judeu.

Na primeira vez que voltei ao local da festa, queria encontrar o lugar onde montamos nossa barraca naquela noite. Entre os escombros e os restos de roupas e objetos revirados, avistei as duas árvores nas quais prendemos nossa rede. A cordinha ainda estava lá. As árvores estavam queimadas. Mas vi, poucos meses depois do terror, do caos e do sangue, brotos verdes nascendo nos galhos que pareciam mortos. O terreno onde a festa foi realizada se transformou em um memorial. Lá, uma árvore foi plantada para cada pessoa assassinada. Há vida. Sempre haverá.

Capítulo V

A posição do Brasil

Tradicionalmente, o Brasil ocupa uma posição de equilíbrio e de diálogo no tabuleiro da geopolítica global. Desde a participação na Liga das Nações, criada em 1920, até a atuação nas Nações Unidas, fundada em 1945, o Brasil tem defendido consistentemente o multilateralismo, a solução pacífica de conflitos e o respeito aos direitos humanos. No que se refere ao Oriente Médio, além de apoiar o Plano de Partilha em 1947, o Brasil tem se envolvido em missões de paz e em esforços diplomáticos para promover o diálogo entre israelenses e palestinos.

A participação do Brasil na Missão Suez, também conhecida como Força de Emergência das Nações Unidas (UNEF I), foi um marco na história das operações de manutenção da paz das Nações Unidas. A missão ocorreu no contexto da Crise de Suez, em 1956, quando o conflito entre Egito, Israel, França e Reino Unido ameaçou o comércio e a estabilidade política mundial.

Contexto histórico

A Crise de Suez começou quando o presidente egípcio Gamal Abdel Nasser nacionalizou unilateralmente o Canal de Suez, que liga o mar

Mediterrâneo ao mar Vermelho, proporcionando uma rota marítima direta entre a Europa e a Ásia. Israel, seguido pelo Reino Unido e pela França, reagiu militarmente à agressão. A ONU interveio a fim de parar a escalada do conflito. Foi encarregada de supervisionar o cessar-fogo.

Participação brasileira

O Brasil foi um dos países que contribuíram para a missão de paz.

Tropas: o Brasil enviou cerca de seiscentos militares, incluindo um batalhão de infantaria e unidades de apoio logístico.

Duração da missão: as tropas brasileiras permaneceram na região de Suez de 1957 a 1967, quando a missão foi encerrada.

Reconhecimento internacional

O profissionalismo, a disciplina e o empenho dos militares brasileiros foram amplamente reconhecidos e elogiados pela comunidade internacional. A partir daí, a reputação do Brasil como um país comprometido com a paz e a segurança internacionais ficou ainda mais consolidada.

Impacto interno

A participação na UNEF I foi um marco na história das Forças Armadas brasileiras e para a criação de uma cultura de ajuda e de comprometimento com a paz. Também deu ainda mais robustez à política externa brasileira.

Legado

A participação do Brasil na Missão Suez deixou um legado duradouro nas Forças Armadas e na política externa brasileira. O sucesso da missão inspirou futuras contribuições do Brasil em operações de paz da ONU, consolidando a posição do país como um ator responsável e comprometido com a paz mundial.

Tropeços externos

A tradição brasileira de mediação e promoção da paz é uma parte integral de sua política externa. Mas, recentemente, a radicalização ideológica empurrou parte dos políticos do nosso país para uma armadilha. Hoje a avaliação do conflito entre Israel e Hamas, infelizmente, passa pela lente distorcida da política local, quando, na verdade, o que está em jogo no Oriente Médio nada tem a ver com esquerda ou direita, mas sim com um embate entre democracia e fundamentalismo religioso.

Governo Lula

Algumas declarações do presidente Luiz Inácio Lula da Silva merecem uma análise mais profunda, à luz dos fatos amplamente conhecidos no Oriente Médio. Pouco tempo depois dos atos terroristas de Israel, Lula comparou a reação israelense ao que os nazistas fizeram com os judeus na Alemanha. A primeira reação da comunidade judaica e de todos os que respeitam e conhecem a História foi de indignação. Motivos não faltaram. Nesses casos, porém, o mais produtivo é desconstruir a desinformação com uma arma poderosa e invencível: a verdade.

Não há, no governo ou na sociedade israelense, qualquer movimento que defenda o genocídio de palestinos. Os números comprovam. Desde a fundação do Estado de Israel, a população palestina saltou de 1,2 milhão, em 1947, para cinco milhões em 2023. Logo, nunca houve um movimento de extermínio em massa. Cada morte deve ser lamentada, mas, no caso atual, a imensa maioria das fatalidades foi registrada em áreas civis usadas ilegalmente pelo Hamas como campo de batalha e esconderijo. Escolas e hospitais servem de escudo para terroristas que lançaram, desde outubro de 2023, milhares de mísseis em direção a cidades israelenses. Um genocídio – judaico – só não aconteceu pela capacidade de defesa de Israel.

Mesmo assim, setores do governo brasileiro se aliam a uma narrativa equivocada. A defesa da criação de um Estado jamais poderia ser resultado de ganhos políticos obtidos com uma ação terrorista. Indiretamente, o governo brasileiro e tantos outros setores da opinião pública mundial estão dizendo que o crime compensa. Tal postura é um perigo não apenas para Israel, mas também para todas as democracias do planeta.

A declaração de Lula comparando o direito à defesa de um país com o assassinato de seis milhões de seres humanos abre espaço para o ódio e a intolerância contra os judeus.

Más companhias

A proximidade recente do governo brasileiro com países que patrocinam o terrorismo, como o Irã, pode passar a mensagem de que o Brasil é conivente com esse tipo de violência.

Ver o vice-presidente Geraldo Alckmin na posse do presidente do Irã, sentado ao lado de líderes de organizações terroristas, poucos meses depois do massacre em Israel apoiado pelo regime de Teerã, é uma sinalização ruim para o mundo. Desde o começo da guerra iniciada pelo Hamas, o presidente Lula não recebeu qualquer líder judaico brasileiro. Na mesma linha, algumas manifestações do Itamaraty são absolutamente desequilibradas. Um exemplo: o ataque ao Hospital Al Ahli, na Faixa de Gaza. O Brasil condenou Israel de forma açodada. Quando, mais tarde, ficou provado que Israel nada tinha a ver com o triste episódio, nada foi dito. O Brasil apoiou a ação da África do Sul contra Israel. Quando a Corte Internacional de Justiça afirmou que Israel tem direito à autodefesa, mais uma vez o governo brasileiro silenciou. Jamais imaginei que chegaríamos a esse ponto, e é doloroso afirmar que tais posicionamentos conversam muito de perto com o antissemitismo.

Legislativo

Felizmente, as posições do Congresso têm sido bem mais justas e equilibradas. Lá, majoritariamente, as eventuais críticas ao governo de Israel, que são legítimas em um ambiente democrático, não se confundem com preconceito ou ódio a Israel e aos judeus.

Judiciário

Inúmeras decisões do Judiciário brasileiro, em várias instâncias, têm demonstrado um profundo compromisso com os valores basilares de uma sociedade plural e democrática. O caso da Editora Revisão (p. 56-57) é um dos mais emblemáticos.

Nosso modelo

A presença judaica no Brasil teve início com a colonização portuguesa, quando os primeiros judeus aqui se estabeleceram. Consta que pelo menos dois deles, convertidos ao catolicismo, chegaram com Pedro Álvares Cabral: Mestre João, médico particular da Coroa portuguesa e astrônomo, e Gaspar da Gama, intérprete. A partir de então, foram diferentes imigrações, que deixaram marcas, da Amazônia ao Rio Grande do Sul. Hoje há comunidades judaicas em vários estados brasileiros. Mas o mais importante dessa história é o legado de respeito e convivência entre representantes de várias origens e culturas. Descendentes de judeus, árabes, italianos, africanos, alemães, japoneses, espanhóis, portugueses, poloneses e de tantas outras nacionalidades e etnias vivem em paz e harmonia no Brasil, um modelo que devemos exportar, em vez de importar a lógica do conflito, o que tantas vezes acontece por motivos oportunistas e demagógicos. E sempre devemos lembrar: o Brasil faz parte da História de Israel. Um brasileiro presidiu a sessão que decidiu pela partilha da região da Palestina.

Um gigante

Oswaldo Aranha foi um diplomata e político brasileiro, nascido em 1894, que desempenhou papel crucial na história diplomática do Brasil e do mundo. Formado em Direito, o gaúcho Aranha teve uma carreira política e diplomática notável, ocupando diversos cargos importantes, incluindo o de ministro das Relações Exteriores e o de embaixador do Brasil nos Estados Unidos.

Sua importância para Israel é particularmente destacada pela atuação como presidente da Assembleia Geral das Nações Unidas em 1947. Durante essa sessão, Aranha foi um dos principais defensores do Plano de Partilha da Palestina, que propunha a criação de um Estado judeu e um Estado árabe na região – proposta aceita pelos judeus, mas negada pelos árabes.

Aranha utilizou sua habilidade diplomática para garantir a aprovação da Resolução 181, que recomendava a partilha da Palestina. Seu papel foi fundamental para a criação do Estado de Israel, em 1948. A atuação de Aranha é lembrada com gratidão pela comunidade judaica e pela população de Israel, em virtude do exemplo de liderança e compromisso com a justiça e a autodeterminação.

Pluralidade

A comunidade judaica brasileira conta atualmente com cerca de 120 mil integrantes. Uma das suas principais características é a pluralidade. Há no Brasil judeus de esquerda, de direita, de centro e os que não se interessam por política. Há religiosos, agnósticos e ateus. Qualquer tentativa de reduzir a comunidade judaica a um único rótulo é um erro, fruto da ignorância ou do preconceito. A comunidade judaica é estruturada em clubes, escolas, movimentos juvenis, sinagogas, ONGs, entidades culturais e de representação política, mas nem todos os integrantes participam de alguma dessas instituições. Como em qualquer ecossistema democrático, o que prevalece é o respeito ao individuo, à lei e à ética.

Humanidade

Durante a Segunda Guerra Mundial, o diplomata brasileiro Luiz Martins de Souza Dantas e a funcionária do consulado do Brasil em Hamburgo Aracy de Carvalho Guimarães Rosa desempenharam papéis heroicos ao salvarem judeus perseguidos pelo nazismo. Apesar dos riscos e das restrições impostas pelo governo brasileiro da época, ambos se destacaram por sua coragem e compaixão, ajudando muitas pessoas a escaparem das garras do regime nazista.

Luiz Martins de Souza Dantas, embaixador do Brasil na França ocupada, usou sua posição para conceder vistos a judeus e outros perseguidos, facilitando a entrada no Brasil. Mesmo quando o governo brasileiro estabeleceu normas mais rígidas para a concessão desses documentos, Dantas continuou a emiti-los, desobedecendo às ordens superiores. Ele via essa ação como uma obrigação humanitária, colocando a vida dessas pessoas acima de qualquer burocracia ou risco pessoal. Estima-se que tenha salvado centenas de vidas com tal coragem e iniciativa.

Aracy de Carvalho Guimarães Rosa, esposa do escritor João Guimarães Rosa, conhecida como "Anjo de Hamburgo", trabalhou como chefe da seção de passaportes do consulado brasileiro nessa cidade alemã. Aracy teria emitido vistos de entrada para o Brasil, muitas vezes, de acordo com informações da época, omitindo ou alterando dados nos documentos para evitar a identificação das pessoas como judias. Recentemente, alguns questionamentos sobre esses atos vieram à tona, mas não apagam os esforços de tantos homens e mulheres que se arriscaram em nome da justiça e da vida.

Souza Dantas e Aracy foram homenageados pelo Memorial do Holocausto de Israel. O legado dos brasileiros que salvaram vidas é uma lembrança poderosa do impacto que indivíduos podem ter em tempos de crise quando escolhem agir com compaixão e justiça.

[illegible] dados fictícios [illegible] para evitar a identificação das pessoas consultadas. Reconhecemos alguns questionamentos sobre esses atos [illegible], mas não apagam os esforços de tantas mulheres e [illegible] que se [illegible] em nome da justiça e da vida.

Sousa, [illegible] foram homenageados pelo Memorial de [illegible]. O legado [illegible] que [illegible] na vida [illegible] processo do [illegible] que indivíduos podem ter em [illegible] quando escolhem agir com compaixão e [illegible].

Capítulo VI

Caminhos para a paz

É fácil. Mas é difícil.

A paz entre Israel e países árabes já é uma realidade em muitas frentes. Desde 1979, quando um acordo histórico foi assinado com o Egito, iniciativas nesse sentido têm ocorrido, mostrando que o diálogo e a diplomacia podem vencer o conflito. Jordânia, Bahrein, Marrocos e Emirados Árabes Unidos são exemplos de como o caminho do respeito e da coexistência é possível, mesmo em uma região tão marcada por tensões.

Esses acordos exigiram coragem política, concessões mútuas e, acima de tudo, um reconhecimento do direito de Israel de existir como uma nação soberana. Esse reconhecimento é a pedra angular de qualquer processo de paz no Oriente Médio. Quando líderes árabes decidiram estender a mão da paz a Israel, não o fizeram por fraqueza, mas por uma compreensão estratégica de que a estabilidade e o desenvolvimento regional dependem de relações diplomáticas saudáveis. Ganham todos.

Condição básica

Diferentemente do que pode parecer quando lemos as notícias e ouvimos as vozes dos radicais, fazer a paz não exige quantias exorbitantes de dinheiro, muito menos grandes malabarismos diplomáticos. O que é realmente necessário é um compromisso genuíno com o diálogo e a aceitação do outro. Assim como já fizeram pelo menos cinco países árabes, os palestinos precisam chegar a um consenso sobre algo fundamental e óbvio: o direito à existência de Israel, com sua democracia plural e vibrante.

Essa condição básica é frequentemente ignorada por aqueles que se opõem à paz. No entanto, é impossível avançar em qualquer processo de paz enquanto o Hamas e outros grupos terroristas persistirem em sua única missão de destruir Israel. A História nos mostra que o radicalismo gera mais sofrimento e violência. Por outro lado, a aceitação e o respeito pelo outro abrem portas para a prosperidade e a cooperação mútua.

Sempre é bom lembrar: Hamas e palestinos não são sinônimos. Há, entre os palestinos, amplos setores que defendem o respeito às diferenças e à liberdade, e que sonham com um futuro de paz e convivência ao lado de Israel. Mas, infelizmente, esses setores ainda não conseguiram força política suficiente para implementar um modelo de sociedade aberta e democrática, livre da influência opressora do Hamas. O caminho para a paz passa necessariamente pelo fortalecimento desses grupos moderados, que buscam uma solução pacífica e justa para o conflito.

Justiça

No caso do Hamas, além de reconhecer Israel, é fundamental que o grupo abandone definitivamente o terrorismo e puna os criminosos que assassinaram homens, mulheres, crianças e idosos, não apenas em Israel, mas também na Faixa de Gaza, onde a população civil palestina é usada pelo Hamas como escudo para encobrir armas e terroristas. A prática de usar civis como escudos humanos é uma violação flagrante do direito internacional e um dos maiores impedimentos para a paz na região.

A justiça não pode ser seletiva. Para que a paz seja sustentável, é necessário que haja um compromisso genuíno com a justiça para todos os lados envolvidos. Isso inclui tanto punir os responsáveis por atos de terror quanto criar um ambiente em que os direitos humanos sejam respeitados e a dignidade de cada indivíduo seja preservada. O Hamas deve reconhecer que suas ações terroristas não só perpetuam o sofrimento dos israelenses, mas também agravam a miséria dos próprios palestinos que vivem sob seu domínio.

Além disso, é crucial que a comunidade internacional exerça pressão sobre o Hamas, para que este abandone sua ideologia de ódio e destruição. Sanções econômicas e diplomáticas podem ser ferramentas eficazes para isolar o grupo e enfraquecer sua capacidade de operar.

Ainda, os bilionários investimentos de países e grupos antissemitas em mídia e em universidades do Ocidente precisam ser revelados e controlados. Ao mesmo tempo, a comunidade internacional deve apoiar iniciativas que promovam o diálogo e a reconciliação entre israelenses e palestinos, oferecendo alternativas viáveis à violência e ao extremismo.

Medo da paz

Não é difícil compreender que ideologias e ditaduras sustentadas pelo radicalismo, pelo fanatismo e pela opressão trabalhem para demonizar modelos de sociedade baseados na liberdade e na pluralidade, ainda mais quando estão tão perto, como Israel em relação a Irã, Hamas e Hezbollah. Para esses regimes totalitários, a paz seria o reconhecimento de seu próprio fracasso. Quando o povo é educado para a liberdade, quer exercê-la. E isso é uma ameaça direta a qualquer regime que se sustente pela repressão. O medo da paz, para esses grupos, está enraizado na ideia de que uma população educada e livre irá inevitavelmente rejeitar a tirania e exigir mudanças.

A Primavera Árabe, que começou em 2010, foi um movimento de protestos populares em vários países do mundo árabe, inicialmente impulsionado por demandas por liberdade, justiça social e queda de regimes autoritários. No centro desse movimento estava a popularização do acesso à internet. Com isso, especialmente as populações mais jovens de países governados por ditaduras, tiveram acesso a informações críticas e a modelos de sociedade mais abertos. O sonho de uma vida livre e plena chegou pelas telas dos computadores e dos celulares.

O movimento começou na Tunísia e rapidamente se espalhou para países como Egito, Líbia, Síria e Iêmen. Milhões de pessoas foram às ruas inspiradas pela esperança de um futuro mais democrático e de maior respeito aos direitos humanos. No entanto, a onda de esperança que a Primavera Árabe trouxe foi em grande parte frustrada pela repressão interna em muitos desses países.

Em diversos casos, regimes autoritários responderam com brutalidade, recorrendo a forças de segurança, militares e grupos paramilitares para esmagar as manifestações. Esses exemplos mostram como a repressão interna não apenas frustrou as aspirações democráticas dos movimentos da Primavera Árabe, mas também mergulhou muitos países em crises ainda mais profundas, com consequências humanitárias e políticas que perduram até o presente.

Os ditadores sabem que uma sociedade na qual a liberdade e os direitos humanos são respeitados é uma sociedade que rejeitará o extremismo e o fanatismo. Por isso, fazem todo o possível para evitar a paz, mantendo suas populações em um estado constante de medo e desespero. Para tanto, implementam e mantêm sistemas educacionais obsoletos e fechados.

A propaganda anti-Israel disseminada por esses grupos não é apenas uma ferramenta de guerra psicológica, é também uma maneira de exercer o controle sobre suas próprias populações. Ao criarem um inimigo externo, eles desviam a atenção dos problemas internos, como a corrupção, a má gestão e a falta de liberdades civis. Isso permite que continuem a governar sem oposição, enquanto perpetuam o conflito e o sofrimento.

Populismo nefasto

Lideranças em alguns países do Oriente Médio têm usado Israel como bode expiatório para desviar a atenção dos problemas internos, sejam eles a corrupção, a má gestão ou a opressão. Ao culparem Israel por suas dificuldades, esses líderes conseguem mobilizar apoio popular e desviar a frustração e a raiva da população para um inimigo externo. Essa estratégia, embora eficaz em curto prazo, é devastadora para a possibilidade de uma paz duradoura.

Ao perpetuarem o ódio e o conflito, essas lideranças sacrificam o bem-estar de seus próprios povos em troca de poder e controle. Esse populismo nefasto impede que sociedades inteiras avancem em direção a um futuro de paz e prosperidade. Em vez de trabalharem para resolver os problemas reais que afetam suas populações, esses líderes preferem manter o conflito vivo, pois sabem que, enquanto houver um inimigo externo, poderão continuar a justificar sua repressão e seus fracassos.

Essa estratégia tem sido usada por grupos como o Hamas, que se apresenta como um defensor da causa palestina. No entanto, ao focarem a luta contra Israel, esses grupos negligenciam as necessidades e os direitos do próprio povo palestino, perpetuando o ciclo de violência e sofrimento. O Hamas, em sua retórica populista e violenta, falha em proporcionar uma visão positiva para o futuro do povo palestino, concentrando-se apenas na destruição de Israel, em vez de construir uma sociedade próspera e pacífica.

Além disso, é importante ressaltar que esse populismo não se limita apenas ao Hamas. Muitos líderes em todo o Oriente Médio e em outras partes do mundo árabe utilizam a questão palestina como uma ferramenta política para consolidar o poder e suprimir a dissidência interna. Ao manipularem o sofrimento dos palestinos para seus próprios fins, esses líderes contribuem para a perpetuação do conflito e impedem a construção de uma paz verdadeira e duradoura. A frase foi dita por um importante representante da diplomacia palestina: "Todos os movimentos populistas do Oriente Médio empunham a bandeira palestina. Nunca nos perguntaram se a gente quer".

O caminho

No Oriente Médio e em outros locais do planeta, inúmeras iniciativas trabalham para construir a paz por meio da educação e do empreendedorismo. A seguir, algumas delas.

1. **Hand in Hand: Center for Jewish-Arab Education in Israel.** É uma rede de escolas mistas para árabes e judeus em Israel que promove a educação bilíngue e multicultural desde o ensino infantil até o ensino médio. Essas escolas não apenas ensinam em árabe e hebraico, mas também celebram as culturas e tradições de ambas as comunidades, fomentando a coexistência pacífica.

2. **The Peres Center for Peace and Innovation.** Fundado pelo ex-presidente israelense Shimon Peres, o Peres Center for Peace and Innovation promove a paz duradoura e a cooperação entre israelenses e palestinos por meio de programas nas áreas de inovação, desenvolvimento econômico, esporte e saúde. Os projetos incluem parcerias empresariais e iniciativas de desenvolvimento sustentável.

3. **Sementes da Paz (Seeds of Peace).** É uma organização internacional que reúne jovens de regiões em conflito, incluindo israelenses e palestinos, para participar de programas de liderança e diálogo. O acampamento de verão da organização em Maine, nos Estados Unidos, é particularmente conhecido por criar laços duradouros entre jovens das duas comunidades.

4. **Combatentes pela Paz.** É uma organização fundada por ex-combatentes israelenses e palestinos que, após anos de luta, decidiram abandonar a violência e promover a paz. Eventos educacionais, protestos pacíficos e campanhas de conscientização estão entre as ações dessa iniciativa.

5. **The Parents Circle-Families Forum (PCFF).** O PCFF é uma organização de famílias israelenses e palestinas que perderam entes

queridos no conflito. O fórum promove a reconciliação e a paz por meio de workshops, palestras e programas educacionais que visam compartilhar experiências pessoais e fomentar o entendimento mútuo.

6. **Middle East Entrepreneurs of Tomorrow (MEET).** É uma iniciativa que reúne jovens israelenses e palestinos com foco em tecnologia e empreendedorismo. Em parceria com o Instituto de Tecnologia de Massachusetts (MIT), o programa oferece treinamento intensivo em habilidades técnicas e de liderança, criando um espaço de cooperação e inovação.

7. **Givat Haviva.** É um centro educacional que promove o entendimento entre árabes e judeus em Israel. O centro oferece uma variedade de programas, incluindo cursos de língua, seminários de paz e projetos comunitários que incentivam a interação e a cooperação entre as duas comunidades.

8. **Mudança curricular.** Em 2023, os Emirados Árabes Unidos anunciaram uma decisão rara no Oriente Médio: a introdução do estudo do Holocausto nas escolas do país. Uma exposição sobre o tema foi inaugurada em um dos mais importantes museus de Dubai. Esse gesto é um sinal de que a educação pode ser um poderoso instrumento de mudança, capaz de construir pontes entre diferentes culturas e promover uma compreensão mais profunda das lições da história.

Além dessas iniciativas, é importante destacar que a paz não é um objetivo que pode ser alcançado apenas por acordos políticos e diplomáticos. A verdadeira paz exige uma mudança de mentalidade, tanto entre os líderes quanto entre as populações. É necessário promover uma cultura de paz, em que o respeito mútuo e a empatia sejam valorizados acima de tudo. Isso só pode ser alcançado por meio de esforços contínuos de educação, diálogo e cooperação.

tanto entre os líderes quanto entre as populações. É necessário promover uma cultura de paz em que o respeito mútuo e a compaixão sejam valorizados acima de tudo. Isso pode ser alcançado por meio do diálogo contínuo e da educação para a cooperação.

Capítulo VII

A guerra da desinformação

As mentiras do Irã, do Hamas e do Hezbollah não são apenas narrativas distorcidas. São armas letais em uma guerra em que a verdade é manipulada, por preconceito ou ignorância. Importantes setores da mídia e as redes sociais, ao amplificarem essas inverdades, muitas vezes se tornam cúmplices na perpetuação do conflito.

Bastariam alguns poucos conceitos, baseados em fatos e valores, para compreender o que está em jogo no Oriente Médio. O primeiro deles responde a uma pergunta: "O que é o Hamas?". Embora se apresente como um movimento de libertação, seus objetivos, crenças e práticas nada têm a ver com isso. Ao contrário. O Hamas é o resultado do fanatismo religioso, da crença na violência como arma política e do ódio contra os valores da democracia e da liberdade. Basta ler os documentos básicos do próprio Hamas ou ouvir o que seus líderes dizem quando estão entre eles, ou falando para sua bolha. É bem diferente da versão difundida e legitimada em partes do Ocidente democrático. Manipulando fatos e dados, o Irã, o Hamas e o Hezbollah conseguem algo impressionante: transformar suas vítimas de amanhã em aliados hoje.

Quando uma falsa narrativa é legitimada em manchetes ou viraliza nas redes, ela não apenas confunde o público, mas também valida a violência e sabota qualquer chance de resolução pacífica. A imprensa, ao tratar as mentiras do Hamas com o mesmo peso que os fatos, e as redes sociais, ao permitirem a disseminação desenfreada de desinformação, acabam prolongando a guerra. Assim, cada *fake news* compartilhada e amplificada se torna um obstáculo direto à paz, transformando a busca pela verdade em uma batalha ainda mais urgente.

O conflito entre Israel e o Hamas não é apenas uma batalha física. É, também, uma guerra de narrativas. Em um cenário em que a opinião pública global tem papel crucial, o controle sobre a narrativa se torna uma arma poderosa. Disseminação de *fake news* e desinformação são utilizadas estrategicamente para manipular percepções e influenciar atitudes. São quase sinônimos, e, na linguagem corriqueira, não chega a ser um erro usá-los dessa forma. As diferenças são sutis.

De uma forma bem simples, *fake news* são mentiras espalhadas de forma intencional. Já desinformação é um conceito mais amplo e tem relação não somente com a mentira, mas também com manipulação, descontextualização e distorção de fatos.

Este capítulo explora a profundidade e a complexidade desse tema, analisando as táticas usadas, os impactos e as respostas da comunidade internacional.

Exemplos de *fake news*

O governo iraniano, especialmente sob a liderança de Mahmoud Ahmadinejad, promoveu a narrativa de que "o Holocausto é um mito" ou "uma mentira criada pelos judeus". Essa é uma forma explícita de *fake news*, pois nega um evento histórico bem documentado e serve para deslegitimar o Estado de Israel e o povo judeu.

O Hamas, em várias ocasiões, manipula vídeos e imagens para apagar a presença de seus armamentos e terroristas em áreas civis, criando uma narrativa falsa de que as ações de Israel são um ataque, e não uma defesa.

Exemplos de desinformação

Em 2018, uma ampla rede de desinformação iraniana no Ocidente foi descoberta e desativada. Centenas de páginas e de perfis falsos foram derrubados. O Irã promove campanhas sistemáticas de desinformação online, usando redes sociais e outras plataformas digitais para espalhar conteúdo distorcido ou enganoso.

Essas campanhas muitas vezes têm como alvo audiências estrangeiras, incluindo Estados Unidos e Europa, para influenciar a opinião pública sobre questões do Oriente Médio ou para semear divisões internas em outros países.

O Hamas usa civis como escudos humanos, posicionando lançadores de foguetes e armas em áreas densamente povoadas e, em seguida, alegando que as respostas israelenses são intencionalmente direcionadas a civis. O fato de civis morrerem é lamentável e verdadeiro, mas a desinformação aqui envolve a omissão do fato de que os combatentes e equipamentos militares do Hamas estão sendo intencionalmente colocados em áreas civis, criando uma percepção distorcida da realidade do conflito.

O dilema da isenção

O primeiro aspecto a ser analisado no contexto do conflito entre Israel e Hamas é um dos conceitos mais tradicionais do jornalismo: a isenção.

A tentativa de equilíbrio, teoricamente, é positiva. Mas deve ser condicionada por um pressuposto, que é a obediência dos "dois lados" às regras da democracia e da liberdade de expressão. Dar o mesmo peso a informações fornecidas por um governo que obedece às regras democráticas e às fornecidas um grupo terrorista, liderado por ditadores fanáticos, é um erro, muitas vezes motivado pela vontade de acertar, e, em outras, por preconceito e posicionamento ideológico camuflado de suposta isenção.

Quando, em julho de 2024, o Hezbollah, grupo terrorista instalado no sul do Líbano, matou doze crianças em Israel com um míssil, um veículo europeu publicou em seu site: "Israel acusa Hezbollah. Hezbollah nega".

Construções como essas são perigosas; porque desinformam e legitimam o terrorismo. Vale o mesmo para mentiras propagadas pelo Hamas, que não tem qualquer compromisso com a verdade, não se submete à fiscalização de instituições livres, muito menos às críticas dos seus próprios cidadãos, oprimidos por um regime fundamentalista.

Histórico e evolução das *fake news* no conflito

A utilização de desinformação pelo Hamas não é algo novo. Desde os primórdios do conflito, o movimento terrorista tem usado a propaganda para mobilizar apoio e justificar suas ações. Com as redes sociais, a escala e a velocidade da disseminação de desinformação aumentaram exponencialmente. A década de 2000 viu uma proliferação de blogs e sites que publicavam conteúdo tendencioso ou falso, muitas vezes mascarado como "jornalismo independente". Nos anos 2010, o uso de plataformas como Facebook, Twitter e YouTube se tornou central na estratégia da mentira do Hamas.

Tipos de *fake news* e desinformação

Desinformação fabricada

A criação de notícias completamente falsas tem sido uma prática comum. Essas notícias podem incluir alegações de atrocidades que nunca ocorreram, como supostos massacres de civis que, mais tarde, são desmentidos por investigações independentes. Essas informações são frequentemente usadas para incitar ódio e criar um senso de urgência que justifique ações retaliatórias.

Conteúdo manipulado e fora de contexto

Outro método comum é a manipulação de imagens e vídeos. Isso inclui a edição de vídeos para excluir elementos cruciais que contextualizam uma ação. Fotos antigas ou de outros conflitos são reutilizadas e apresentadas como recentes ou relevantes para o conflito atual, amplificando a sensação de crise contínua.

Impacto psicológico nas populações

A disseminação de *fake news* tem um impacto significativo não apenas no cenário internacional, mas também nas populações locais. Em Israel e Gaza, as *fake news* podem gerar pânico, alimentar o ódio e aumentar o apoio a ações extremas.

Em Israel, rumores de ataques iminentes podem levar a um estado de alerta elevado, enquanto em Gaza a narrativa de vitimização extrema pode reforçar a resistência e a hostilidade contra qualquer forma de acordo com Israel.

O papel das grandes potências e organizações internacionais

As grandes potências mundiais, além de organizações como a ONU, também desempenham um papel vital na propagação ou no combate à desinformação. A postura de governos estrangeiros e a cobertura da mídia internacional frequentemente influenciam a percepção pública global do conflito. Por exemplo, a Rússia tem sido acusada de apoiar campanhas de desinformação que favorecem o Hamas ou criticam Israel, enquanto os Estados Unidos e a União Europeia vêm investindo em campanhas de esclarecimento e apoio a verificadores de fatos independentes.

Casos específicos e análise detalhada

Explosão no hospital de Gaza

Um dos casos mais notórios de desinformação foi a explosão em um hospital de Gaza, em outubro de 2023. Versões conflitantes emergiram rapidamente. Em um piscar de olhos, fontes atribuíram o incidente a um ataque aéreo israelense, sem qualquer checagem mais profunda. Pouco depois, ficou provado que a explosão foi causada por um foguete da Jihad Islâmica, lançado na direção de Israel, que falhou.

Supostos genocídios

O uso do termo "genocídio" é uma ferramenta retórica potente nas campanhas de desinformação. Os números mostram que a população palestina mais do que triplicou desde a fundação de Israel. Isso não invalida as críticas às mortes de inocentes, dos dois lados. Mas é preciso dar o nome certo aos fatos.

O termo "genocídio" é frequentemente empregado para inflamar a opinião pública global contra Israel. Esse uso incorreto não apenas distorce a realidade, como também trivializa genocídios reais, como o Holocausto, causando danos adicionais à memória de vítimas e sobreviventes.

Na Segunda Guerra Mundial, seis milhões de judeus foram assassinados pelos nazistas, que tinham como objetivo exterminar completamente os judeus e o judaísmo, o que autoriza o uso da palavra "genocídio". Não há qualquer semelhança com o que ocorre na Faixa de Gaza e no sul do Líbano.

Lá, organizações terroristas fortemente armadas atacam Israel com o objetivo de destruir. Não há notícias, antes, durante e depois do Holocausto, de ataques de judeus contra alvos alemães, nem mesmo como uma eventual vingança pelo ocorrido.

Até a edição deste livro, a população judaica no mundo era inferior à registrada antes do Holocausto – 16,5 milhões em 1938 e cerca de 15,7 milhões em 2023.

Guerra contra quem?

Israel não está em guerra contra os palestinos, mas contra o Hamas, um movimento terrorista que invadiu Israel, matou cerca de 1,2 mil pessoas, feriu três mil e sequestrou mais de 230.

"Colonialismo"

Israel nunca foi um projeto colonialista. Ao contrário. A imigração judaica para a região da Palestina, especialmente depois da Segunda Guerra, desafiava a maior potência colonial da época, a Grã-Bretanha.

"Ocupação"

A presença judaica na região da Palestina é anterior aos tempos bíblicos. Em toda a História, houve apenas dois reinos naquela região: o reino de Israel e o reino de Judá. Logo, o termo "ocupação" é incorreto, injusto e inadequado, até porque a existência de Israel, hoje, é fruto de uma decisão da ONU.

O papel das plataformas de mídia social e o desafio da moderação

Plataformas como Facebook, X, YouTube e TikTok se encontram em uma posição complicada. Por um lado, elas são meios primários para a disseminação de notícias, e, por outro; são também canais para a propagação de desinformação. O desafio para essas empresas é equilibrar a liberdade de expressão com a responsabilidade de impedir a disseminação de conteúdos falsos ou prejudiciais. Políticas de moderação, como a marcação de conteúdo falso e a suspensão de contas, têm sido implementadas, mas muitas vezes são vistas como insuficientes ou até mesmo tendenciosas.

Iniciativas de combate à desinformação

No Brasil, o Projeto Comprova, da Associação Brasileira de Jornalismo Investigativo (Abraji), é um exemplo de como jornalistas podem se unir para combater a desinformação. A iniciativa reúne profissionais de diferentes veículos de comunicação para verificar informações e esclarecer boatos, especialmente durante períodos de crise ou eleições. Projetos como esse são cruciais para fornecer ao público informações precisas e combater a manipulação de fatos.

Internacionalmente, iniciativas como o Código de Conduta contra a Desinformação, da União Europeia, estabelecem diretrizes para empresas de tecnologia, promovendo transparência e remoção de conteúdos falsos. A colaboração com verificadores de fatos independentes e a promoção de alfabetização midiática são passos importantes para mitigar o impacto das *fake news*.

Liberdade de expressão

"Acabou a plateia. Todos agora estão no palco." A disseminação das redes sociais inspirou essa frase. Por um lado, democratizar o acesso à opinião e à informação é positivo, mas, por outro, nos convida a refletir sobre o significado do termo "liberdade de expressão". Definitivamente, não podemos confundir liberdade com vale-tudo. A democracia pressupõe o respeito às regras e aos limites que possibilitam a convivência social. Mentir, injuriar, agredir e difamar são condutas ilegais. É bem diferente de expressar uma opinião. Infelizmente, estamos perdendo a clareza dessa fronteira.

Estratégias de identificação e resposta

Identificar *fake news* requer um conjunto de habilidades críticas. É essencial verificar a fonte da informação, buscar múltiplos relatos confiáveis e estar ciente de possíveis manipulações. A análise de imagens e vídeos, com atenção especial para sinais de edição, pode ajudar a detectar conteúdos falsos. Além disso, o entendimento dos motivos subjacentes à disseminação de certas narrativas pode fornecer contexto crucial.

Inteligência artificial

A evolução tecnológica tornou o limite entre verdade e mentira ainda mais tênue. A partir da fotografia de uma pessoa e de um registro gravado de sua voz, a inteligência artificial gera cenas em movimento e falas que parecem reais, mesmo para quem está acostumado com as mais modernas técnicas de edição.

No futuro não muito distante, estas minhas observações poderão parecer óbvias. Mas hoje, em 2024, disciplinar o uso dessas ferramentas é um grande desafio, não apenas para quem produz conteúdos, mas principalmente para quem os distribui.

A necessidade de vigilância e educação

O combate à desinformação é uma tarefa contínua e coletiva. Governos, organizações, jornalistas e cidadãos têm um papel a desempenhar na promoção da verdade e na resistência às tentativas de manipulação informacional.

Educar o público sobre como identificar e questionar informações falsas é fundamental para construir uma sociedade mais informada e resistente a campanhas de desinformação. No contexto do conflito Israel-Hamas, a luta contra as *fake news* é uma batalha decisiva para alcançar uma paz justa e duradoura.

Capítulo VIII

O conflito em 18 conceitos

A palavra *Chai,* formada pela combinação das letras *Chet* (ח) e *Yud* (י), significa vida. No alfabeto hebraico, cada letra tem um valor numérico. *Chet* equivale a 8, e *Yud,* a 10. O número 18, portanto, é um símbolo de vida e prosperidade. Essa conexão faz com que *Chai* seja especialmente significativa em várias tradições e práticas culturais judaicas, representando o desejo de uma vida longa e cheia de bênçãos.

1. Israel

Estado-nação do povo judeu, estabelecido em 1948, após a Segunda Guerra Mundial e o Holocausto. O país é o centro histórico e espiritual dos judeus, que têm presença constante na região desde os tempos bíblicos. Israel é uma democracia pluralista, a única no Oriente Médio, com um sistema político que promove direitos e liberdades para todos os seus cidadãos. Apesar dos desafios de segurança e conflitos regionais, Israel busca coexistência pacífica com seus vizinhos, mantendo uma sociedade vibrante e diversa. É referência mundial em inovação.

2. Hamas

Organização terrorista palestina, fundada em 1987 durante a Primeira Intifada. O Hamas defende a destruição de Israel e a criação de um Estado islâmico de alcance global. O grupo é conhecido por sua estratégia de ataques contra civis israelenses, incluindo foguetes e atentados suicidas, bem como pela opressão de opositores internos e dissidentes em Gaza, que governa desde 2007. A ideologia do Hamas é baseada no fundamentalismo islâmico sunita, rejeitando negociações pacíficas e compromissos que reconheçam a legitimidade de Israel.

3. Fatah

Organização política palestina moderada, fundada em 1959 por Yasser Arafat e outros líderes nacionalistas árabes. Originalmente focada na luta armada contra Israel, o Fatah evoluiu para uma posição mais aberta, buscando uma solução negociada para o conflito. Tem governado a Autoridade Palestina na Cisjordânia e apoia oficialmente a criação de um Estado palestino ao lado de Israel. No entanto, enfrenta desafios internos, incluindo a rivalidade com o Hamas, que controla a Faixa de Gaza.

4. Região da Palestina

Região histórica localizada no Oriente Médio, que abrange Israel, a Cisjordânia e a Faixa de Gaza. O único país estabelecido nessa região, em toda a História, foi Israel, destruído na Antiguidade e reconstruído depois de 1948.

5. Democracia

Sistema de governo em que o poder é exercido pelo povo, diretamente ou por meio de representantes eleitos. Em Israel, a democracia se manifesta em um sistema parlamentarista, com eleições livres, liberdade de imprensa e independência do Judiciário. O país se destaca como a única democracia plena no Oriente Médio, garantindo direitos e liberdades fundamentais para todos os seus cidadãos, independentemente de religião, etnia ou gênero.

6. Fundamentalismo

Refere-se à estrita adesão a princípios religiosos ou ideológicos, acompanhado de rejeição a outras visões e práticas. No contexto do conflito atual, o fundamentalismo islâmico é exemplificado pelo Irã e por grupos terroristas, como o Hamas e o Hezbollah, que promovem uma interpretação rígida do Islã e o combate violento a Israel. Esse tipo de fundamentalismo representa uma barreira para a paz, pois frequentemente se opõe a soluções negociadas e compromissos. Em contraste, Israel, como uma democracia secular com liberdade religiosa, oferece um modelo de convivência pluralista e rejeição do extremismo. Há radicais em Israel, como em qualquer sociedade democrática. A diferença é que, em Israel, o Estado controla os radicais. Na Faixa de Gaza e no Irã, os radicais é que controlam o Estado.

7. Genocídio

Ato deliberado de exterminar um grupo étnico, racial, religioso ou nacional. O Holocausto, perpetrado pelo regime nazista, é o exemplo mais extremo de genocídio contra o povo judeu, resultando na morte de seis milhões de judeus. Até hoje a população judaica no mundo é inferior à registrada antes de Adolf Hitler. Já a população palestina mais do que quadruplicou nas últimas décadas.

8. Terrorismo

Uso de violência e intimidação, especialmente contra civis, para alcançar objetivos políticos, religiosos ou ideológicos. O terrorismo é uma tática usada por grupos como o Hamas e o Hezbollah para atingir Israel e suas populações civis. Esses ataques incluem atentados suicidas, disparos de foguetes e sequestros, criando um ambiente de medo e insegurança. Israel combate o terrorismo com medidas de segurança rigorosas e operações militares, buscando proteger seus cidadãos enquanto enfrenta críticas internacionais sobre o uso da força. O terrorismo é uma das principais barreiras para a paz e a estabilidade na região.

9. Hezbollah

Organização xiita terrorista libanesa, com uma poderosa ala militar, fundada em 1982. Apoiado pelo Irã e pela Síria, tem como objetivos a destruição de Israel e o combate à democracia e à liberdade no

Oriente Médio. O Hezbollah é conhecido por seus ataques contra civis e militares israelenses.

10. Esperança

Hatikvah, que significa "A Esperança", é o hino nacional de Israel. Ele reflete o anseio do povo judeu de retornar à sua terra ancestral e viver como uma nação livre e soberana. A letra expressa o sonho de restabelecer um lar para os judeus na Terra de Israel. *Hatikvah* simboliza a persistência e a resiliência, mesmo após séculos de diáspora e perseguição. A canção é um emblema de identidade nacional e orgulho, expressando o desejo de paz e segurança em um lar próprio.

11. Faixa de Gaza

Região de 360 quilômetros quadrados, no sudoeste de Israel, limitada também pelo mar Mediterrâneo e por uma fronteira de cerca de treze quilômetros com o Egito, que impede a entrada de palestinos. Gaza é densamente povoada e administrada pelo Hamas desde 2007, após um embate com o Fatah. A região é um dos focos de tensão no conflito israelense-palestino, sendo frequentemente palco de confrontos violentos e lançamentos de foguetes contra Israel. As condições de vida em Gaza são difíceis, exacerbadas pela infraestrutura precária. Nas últimas décadas, bilhões de dólares da comunidade internacional foram enviados a Gaza. Em vez de investir em educação, saúde e infraestrutura, o Hamas comprou armas e construiu túneis usados em ações terroristas.

12. Cisjordânia

Região situada a oeste do rio Jordão, incluindo territórios disputados e administrados em parte pela Autoridade Palestina. A Cisjordânia é um ponto central de disputa no conflito, com questões relacionadas a segurança, soberania e direitos de israelenses e palestinos.

13. Holocausto

Genocídio sistemático perpetrado pelo regime nazista durante a Segunda Guerra Mundial, resultando na morte de seis milhões de judeus. O nazismo perseguiu também ciganos, LGBTQIA+, pessoas com deficiência, pessoas idosas, ciganos e inimigos do regime nazista. Esse evento catastrófico é parte da identidade judaica moderna e da história mundial, simbolizando as consequências extremas do ódio racial, religioso e étnico. Educar sobre o Holocausto é essencial para combater o antissemitismo e promover a tolerância.

14. Sionismo

Movimento nacionalista judeu que visa ao retorno do povo judeu à sua terra ancestral, culminando na fundação do Estado de Israel, em 1948. Iniciado no final do século 19, o sionismo foi uma resposta às perseguições enfrentadas pelos judeus na diáspora. O movimento é uma afirmação do direito dos judeus à autodeterminação e à existência em um lar nacional seguro. O sionismo é um movimento de libertação nacional, restaurando a soberania do povo judeu em sua terra histórica.

15. Antissemitismo

Preconceito, discriminação ou hostilidade dirigida contra judeus. Esse fenômeno pode se manifestar em várias formas, incluindo discurso de ódio, violência física, exclusão social e políticas discriminatórias. O antissemitismo tem uma longa história. Combater o antissemitismo é essencial não apenas para proteger a comunidade judaica, mas também para promover valores universais de igualdade e respeito pelos direitos humanos. O antissemitismo é uma ameaça para toda a sociedade, pois envenena o tecido social com ódio e intolerância.

16. 7 de outubro

Dia em que os terroristas do Hamas invadiram Israel, assassinaram cerca de 1,2 mil pessoas e sequestraram mais de 230. Para sempre, essa data será um símbolo de resiliência e da contínua luta pela segurança e pela paz na região.

17. Vítimas

Em ambos os lados, vidas foram perdidas ou irrevogavelmente afetadas pela violência. As vítimas não são apenas números, são indivíduos com histórias e famílias, cujas mortes e dores deixam cicatrizes profundas em suas comunidades. O reconhecimento e o respeito pelas vítimas são essenciais para qualquer processo de reconciliação e paz.

18. Vida

O valor da vida é um princípio fundamental no judaísmo e na sociedade israelense, influenciando decisões éticas, políticas e militares. Em meio ao conflito e às adversidades, a preservação da vida é uma prioridade, refletida na busca constante por segurança, inovação médica e cuidados humanitários. Celebrar a vida é também uma resposta ao ódio e à violência, uma afirmação da dignidade humana e um compromisso com um futuro pacífico. A vida, em sua diversidade e riqueza, é o bem mais precioso a ser protegido e valorizado.

Capítulo IX

Anexos

Reproduzo a seguir uma série de artigos publicados nos meses posteriores aos atentados do Hamas. Nos QR Codes estão os links de entrevistas e de outros textos igualmente veiculados depois de 7 de outubro de 2023.

O antissemitismo, além dos judeus

09/11/2023 - UOL

Existe um caminho rápido para o fim da guerra no Oriente Médio: o reconhecimento do direito à existência de Israel. Já aconteceu antes. Egito, Jordânia e Emirados Árabes Unidos, entre outros países da região, abraçaram essa fórmula. Acordos de paz foram firmados e, a partir deles, prosperaram novas relações comerciais, humanas e culturais entre governos e povos que antes eram inimigos.

O antissemitismo pode ser definido como um sentimento de preconceito, hostilidade ou discriminação contra os judeus. Sua forma mais antiga, apesar de ainda ativa, saiu de moda quando os horrores do Holocausto vieram à tona. Mas o ódio continuou latente. Hoje se manifesta, majoritariamente, através da negação do direito à autodeterminação do povo judeu, consolidado por uma decisão soberana da

ONU, em 1948. Nenhum outro movimento nacional sofreu ou sofre algo parecido. Ao assassinar cerca de 1.200 pessoas e sequestrar mais de duzentos inocentes, o Hamas assumiu a linha de frente desse movimento alimentado pelo preconceito. Mais do que isso: o Hamas transformou, propositalmente, a Faixa de Gaza em alvo militar, sabendo das terríveis consequências humanas que impõe ao seu próprio povo. A morte de civis palestinos, para o Hamas, é parte de uma estratégia para alcançar seu objetivo nefasto. Basta ler o estatuto desse movimento terrorista para compreender ao que me refiro. É fácil. Está na internet para quem quiser ver.

Cada morte de inocentes em uma guerra deve ser lamentada, tanto faz onde estejam. Nesse conflito, porém, há dois lados, com práticas e valores diferentes e nitidamente desenhados.

Não é por acaso que as democracias mais sólidas do Ocidente manifestaram, através de seus governos eleitos, solidariedade a Israel. Existe uma compreensão clara de que o antissemitismo, fantasiado agora de antissionismo, não é um problema apenas judaico. Por trás dessa nova onda de intolerância, cresce uma ameaça ao modelo de sociedade na qual vivemos. Na Faixa de Gaza, a ditadura do Hamas persegue minorias, opositores, oprime mulheres e sufoca a liberdade de expressão. Para isso, adota uma interpretação radical da religião islâmica, que pretende impor até onde as suas garras alcançarem. O ódio aos judeus, no caso, é o ódio à democracia e à diversidade.

Nesse contexto, é fundamental separar o Hamas da causa que, falsamente, jura defender. Acredito que a maioria dos palestinos deseja viver em paz com Israel. Mas isso só será possível quando a intolerância, o terror e a selvageria forem derrotados pelas sociedades livres e democráticas. É esse o desafio inadiável que, por oportunismo, ignorância ou má-fé, tanta gente omite das suas opiniões inflamadas nas redes sociais. Nesse momento de dor e de apreensão, nos move a certeza de que venceremos. Essa é uma luta a favor do futuro. Que ela termine logo.

A guerra da desinformação

17/11/2023 UOL

As mortes de inocentes devem ser lamentadas e condenadas, sejam de israelenses ou de palestinos. As guerras são sempre tristes, porque vidas humanas são perdidas e famílias destroçadas. Compreender a realidade é o único caminho para a solução do conflito. Para isso, a informação desempenha um papel fundamental.

Até quinta-feira, as operações provocadas pelos mais recentes atos terroristas do Hamas haviam resultado na morte de 51 soldados israelenses. Além deles, cerca de 1.200 inocentes foram assassinados e outros duzentos sequestrados. Seus nomes e fotos continuam sendo publicados pelos jornais israelenses e mundo afora.

Do outro lado, em nenhum momento o Hamas divulga quantos de seus combatentes foram mortos nos confrontos. Se comporta como se eles não existissem. De fato, o que ocorre na Faixa de Gaza é uma guerra entre um exército e um grupo terrorista fortemente armado, que usa sua população como escudo e que se orgulha de ter disparado contra alvos civis em Israel, em um único dia, mais de 5 mil mísseis. Nessa guerra, o Hamas não é vítima. É agressor. O Hamas não representa as legítimas aspirações do povo palestino. Financiado pelo Irã e por outras ditaduras, o grupo terrorista despejou milhões de dólares em armas sofisticadas, com o objetivo de destruir a única democracia do Oriente Médio. Um cálculo simples permite afirmar que, se essa fortuna tivesse sido investida em educação, saúde e infraestrutura, os problemas humanitários da Faixa de Gaza já estariam resolvidos há décadas. Mas a paz não interessa ao Hamas, que usa a mentira para enganar e para camuflar seus objetivos antidemocráticos.

A desinformação, definitivamente, passou a ser uma arma poderosa. Pode ser definida como "a utilização das técnicas de comunicação para induzir a erro ou dar uma falsa imagem da realidade, mediante a supressão ou ocultação de informações, minimização da sua importância ou modificação do seu sentido". Nisso, o Hamas, que se esconde sob o falso manto da resistência e da vitimização, é extremamente eficiente.

Não apenas nesse caso, mas em outros tantos usos indevidos de dados e de palavras. Uma delas é "genocídio". Basta olhar para os números do crescimento da população palestina nas últimas décadas para compreender que não existe nada sequer parecido com um extermínio em massa naquela região. Insisto: não se trata aqui de minimizar, justificar ou relativizar as mortes de inocentes. Ao contrário. Por respeito à memória dos que se foram, a dor alheia não pode ser pretexto para mentir. O uso inadequado da palavra genocídio nada mais é do que uma tentativa de comparar o extermínio de seis milhões de judeus pelos nazistas com as tristes consequências de um conflito armado que não foi iniciado por Israel.

Hoje, o campo de batalha ultrapassou as fronteiras do Oriente Médio. As redes sociais criaram um espaço no qual qualquer pessoa pode, além de opinar sobre a guerra, participar dela. Enquanto isso, a desinformação segue fazendo vítimas. Dar o mesmo peso de credibilidade para as informações vindas de um país democrático e para as mentiras de um grupo terrorista pode ser qualquer coisa, menos equilíbrio e isenção. As maiores democracias do mundo já se deram conta da ameaça representada pelo Hamas e por seus aliados. Enquanto isso, no Brasil, o oportunismo político tenta equiparar o terrorismo à reação de uma democracia, que luta pelo seu direito a existir. Me inspiro em um pensamento do escritor e teólogo norte-americano James Freeman Clarke para afirmar: quem comete esse erro, com certeza, está mais preocupado com a próxima eleição do que com a próxima geração.

A verdade sobre o genocídio

08/12/2023 UOL

Impossível negar.

Existe, sim, uma tentativa de genocídio do Oriente Médio: o Hamas ambiciona aniquilar Israel e a sua população. Está no seu estatuto e no seu bordão mais popular, "Do rio até o mar, a Palestina será livre".

Se não for contido, depois fará o mesmo, mundo afora, com todos que não aceitarem a sua versão radical e totalitária de sociedade.

É inacreditável que, apesar da clareza absoluta das suas intenções genocidas, o Hamas consegue diluí-las em um falso discurso de vitimização e de resistência. Não apenas isso: na esteira de um antissemitismo latente, a imputação de genocida acaba recaindo, em alguns círculos desinformados ou mal-intencionados, sobre Israel.

Há milhares de mortos na guerra iniciada pelo Hamas, nos dois lados da fronteira. Qualquer tentativa de relativizar o sofrimento dos inocentes é inaceitável. Por isso, reafirmo: os argumentos deste texto têm como pressuposto o respeito e a solidariedade às famílias enlutadas – tanto em Israel quanto em Gaza.

Justamente por isso, precisamos compreender a realidade para evoluir na direção certa. Atualmente, palestinos e israelenses são vítimas de uma mesma entidade terrorista. Ela se chama Hamas, não aceita a existência da única democracia da região e incentiva o ódio étnico aos judeus.

A acusação de genocídio contra Israel tem dois objetivos interligados. O primeiro é justificar a matança promovida pelo Hamas e a covardia da sua estratégia, alicerçada no uso de seu próprio povo como escudo. O segundo é agredir a memória do Holocausto, quando a máquina de morte nazista planejou e executou, com absoluta frieza e disciplina, o assassinato de seis milhões de judeus, sem que nenhum deles pretendesse – antes, durante ou depois – destruir a Alemanha.

Acusar os judeus de repetir práticas nazistas nada mais é do que uma forma de antissemitismo. A falsa acusação dos terroristas não resiste aos fatos. Desde a fundação de Israel, aprovada pela ONU, a população palestina praticamente quadruplicou. É uma das que mais crescem no mundo.

Milhares de palestinos são atendidos, a cada ano, em hospitais israelenses, que estão entre os melhores do mundo. Mesmo agora, durante a guerra, o exército de Israel pede à população civil que se retire de áreas que serão bombardeadas. Quem não deixa é o Hamas, que usa hospitais e escolas com fins militares. Só o preconceito explica como a mentira consegue sufocar a verdade.

No dia 7 de outubro de 2023, terroristas do Hamas invadiram Israel, mataram 1,2 mil inocentes, violentaram mulheres, assassinaram bebês, famílias, pessoas idosas e jovens que se divertiam em uma festa. Além disso, sequestraram mais de 200 civis, muitos deles ainda passando fome e submetidos a tortura em buracos e porões da Faixa de Gaza. Em um único dia, o Hamas lançou mais de 5 mil foguetes contra alvos civis em Israel, que reagiu. Quem é o genocida?

Nesse contexto, é louvável o apelo à paz e ao diálogo lançado pelo presidente Luiz Inácio Lula da Silva, em recente gira pelo Oriente Médio. Porém, para que sua pregação adquirisse um sentido ainda mais correto, o presidente Lula poderia ter apontado qual dos lados não quer conversar, porque não aceita, em hipótese alguma, o direito à existência do outro.

O Hamas, que não representa os legítimos anseios democráticos dos palestinos, só existe para destruir Israel.

Uma guerra é sempre triste. É nosso dever trabalhar pelo fim da violência. Mas, para isso, o Hamas precisa ser neutralizado, antes que o Oriente Médio fique pequeno demais para a sua ambição de impor uma ditadura religiosa global. O genocídio planejado pelo Hamas contra os judeus é apenas o começo.

O que é sionismo

14/12/2023 UOL

O abjeto ministro da propaganda nazista, Joseph Goebbels, ensinou: "Uma mentira repetida mil vezes se torna uma verdade". O Irã e o Hamas aprenderam a lição. Além de matar inocentes, os terroristas também torturam palavras. "Sionismo" é uma delas.

De fato, o termo dá nome a um movimento político que defende a autodeterminação do povo judeu. Ganhou força na metade do século 19, quando o nacionalismo atingiu o seu ápice, especialmente na Europa. A volta a Sion, porém, sempre esteve nas preces dos judeus na diáspora, desde que Israel foi destruído, dezenas de séculos atrás.

Quando o retorno dos exilados ao seu lar histórico começou, o sionismo foi ganhando formas e linhas ideológicas diferentes. Há sionismo de esquerda, de direita, religioso, ateu. Todos convergem para a certeza de que os judeus têm o direito inegável a um lar nacional.

Beiram o ridículo as falsas imputações associadas à palavra. Uma das mais bizarras é a de que o sionismo é um braço do "imperialismo capitalista".

Logo depois da Segunda Guerra Mundial, quando seis milhões de judeus foram assassinados pelos nazistas, a imigração de sobreviventes do Holocausto desafiava um dos maiores impérios da época, o Britânico, que ocupava a região e barrava a entrada dos sionistas.

Aliás, o modelo inicial da colonização de Israel foi muito mais socialista do que capitalista. Os kibutzim, fazendas coletivas inspiradas nos ideais de solidariedade e propriedade compartilhada, são uma página única na história da esquerda mundial.

Foi essa experiência, somada à educação baseada em diversidade e liberdade, que levou Israel, menos de um século depois da sua independência, a se transformar na Nação das Startups, uma referência no empreendedorismo global.

Israel, nos seus 75 anos de existência, conquistou 13 prêmios Nobel e deu à humanidade incontáveis contribuições nas áreas da medicina, química, literatura, robótica, agricultura, pecuária e em tantas outras, constantemente. Não por ser intrinsecamente melhor ou pior do que outras nações, mas por decisões políticas acertadas e pela tradição de valorizar a educação, passada de pais para filhos.

Reconhecer que liberdade e democracia funcionam seria um suicídio para as ditaduras religiosas que pretendem acabar com o modelo de sociedade ocidental. Nesse contexto, demonizar o sionismo nada mais é do que uma releitura politicamente correta do velho e ainda latente antissemitismo, o clássico ódio aos judeus.

É compreensível que o truculento regime teocrático de Teerã, bem como seus tentáculos espalhados pelo mundo, pensem assim. Porém, ver manifestações de apoio ao extermínio de um país e de seus habitantes ocorrendo em sociedades democráticas é inaceitável.

A verdadeira mensagem por trás do bordão "Do rio ao mar, a Palestina será livre" é: "Destruam Israel, assassinem os judeus e depois venham acabar conosco". Os aiatolás devem dar gargalhadas quando escutam.

Eles sabem que sionismo salvou milhares de judeus etíopes da fome. Que o sionismo dá direitos iguais a pessoas de todos os gêneros, elege parlamentares árabes, indica juízes muçulmanos para os tribunais e garante direito ao voto para todos os seus cidadãos.

Os aiatolás também sabem que o sionismo ergueu algumas das melhores universidades e hospitais do mundo, onde alunos e pacientes judeus, cristãos e muçulmanos se encontram todos os dias.

Não é à toa que o Irã reprime com absurda violência as constantes manifestações de descontentamento interno. Lá, cada vez mais gente, calada pela força ou pelo medo, enxerga a verdade: Israel não é o problema, mas a solução para uma região que precisa de paz e de investimentos em infraestrutura e em escolas, em vez de despejar bilhões de dólares em repressão interna e em terrorismo.

Tentar reduzir uma sociedade plural e democrática a um único rótulo é um erro, motivado por ignorância ou por má-fé.

Israel tem suas virtudes e seus defeitos, mas é uma democracia sólida. Justamente por isso, a palavra sionismo precisa ser sequestrada, torturada e assassinada.

Assim como aconteceu depois de 7 de outubro, as vozes lúcidas do mundo, que são a maioria, se levantarão e, unidas, não permitirão que a mentira e o terrorismo triunfem.

Natal e paz

22/12/2023 UOL

Existe solução. Não é uma utopia e muito menos um desejo vago. Enquanto somos bombardeados por imagens de dor e de sofrimento na Faixa de Gaza e em Israel, a proximidade do Natal inspira a pensar sobre esperança. Esta é uma mensagem universal, que independe de religião, ideologia ou nacionalidade.

Jamais podemos desistir da paz. Ela é o nosso objetivo maior. Mas a palavra, por si só, não basta. É preciso transformá-la em compromissos e visão de futuro.

Olhando para a História recente do Oriente Médio, é fácil comprovar que esse é um caminho possível, porque já foi percorrido

Em 1979, Egito e Israel assinaram um acordo histórico. Antes disso, os dois países travaram, durante décadas, combates sangrentos, com milhares de mortos. O Egito reconheceu o direito à existência do vizinho. Israel devolveu territórios ocupados em guerras iniciadas pelo ex-inimigo. Desde então, nenhum tiro foi disparado.

Depois, foi a vez da Jordânia, em 1994. Mais recentemente, em 2020, os Emirados Árabes Unidos e Israel anunciaram a paz, iniciando uma nova era de cooperação, com um fluxo crescente de turismo, empreendedorismo, investimentos em saúde, tecnologia, energias limpas, segurança, cultura e esporte.

No que se refere aos palestinos radicais e a seus apoiadores, existe uma condição que, apesar de óbvia, trava o avanço em direção a uma nova realidade de desenvolvimento e liberdade para todo o Oriente Médio. Sem o reconhecimento do direito à existência de Israel, não há como construir um amanhã mais luminoso. É impossível conversar com quem não aceita o básico: que a outra parte exista.

O Hamas é um grupo terrorista que sonha impor uma ditadura religiosa global. Apesar da sua máquina de propaganda mentirosa, seu objetivo final é a destruição do modelo de vida ocidental, que é baseado na liberdade e na diversidade.

Foi por isso que, no dia 7 de outubro, o Hamas assassinou cerca de 1.200 inocentes e sequestrou mais de 200. Paz, para o Hamas, é matar judeus e depois converter o mundo a uma única crença, a sua. Foi por isso, também, que a atual guerra começou.

Israel e Arábia Saudita, governada por um regime que dá claros sinais de abertura, estavam em uma fase adiantada de negociações. Um eventual acordo entre eles deixaria o Irã ainda mais isolado. O regime de Teerã comanda a maior e mais perigosa teocracia do mundo, que financia grupos terroristas, entre eles o Hamas. Atacar Israel foi o jeito de tumultuar o tabuleiro da geopolítica e postergar o inevitável entendimento com os sauditas, que trará benefícios, para a região e para o mundo.

Nós, judeus, jamais perdemos a esperança. Esse é um traço marcante da nossa longa história. Em nome dessa esperança e da crença de que liberdade é um direito de todos, desejamos um Feliz Natal a quem acredita na solidariedade, na bondade e na convivência fraterna entre os povos.

Tratamentos desiguais

06/01/2024 UOL

Circula na internet um post com os seguintes dizeres: "5 minutos para acusarem falsamente Israel de bombardear um hospital em Gaza. 82 dias para acreditarem que israelenses foram sexualmente abusadas".

De fato, a violência de gênero praticada pelo Hamas deveria servir para que o mundo identificasse, com clareza, quais organizações e governos estão realmente comprometidos com a segurança das mulheres e quais se aproveitam do tema de forma demagógica, apenas como ferramenta de propaganda e autopromoção.

Infelizmente, a guerra já dura quase três meses. Por isso, quando um novo ano se inicia, é importante voltar no tempo para relembrar como os bombardeios, as mortes e a dor realmente começaram.

No dia 7 de outubro do ano passado, terroristas invadiram Israel. Assassinaram 1,2 mil pessoas e sequestraram mais de 200. Destas, aproximadamente 130 continuam nas mãos do Hamas e dos seus cúmplices. Esses são os fatos geradores dos episódios atuais, por mais que narrativas mentirosas, habilmente construídas por criminosos que se apresentam como vítimas, tentem nos convencer do contrário. Há centenas de provas oficiais e independentes de que mulheres e jovens foram violentadas pelos terroristas.

É constrangedor assistir, aqui no Brasil e no mundo, a líderes e organizações engajados na causa feminina simplesmente ignorarem ou abordarem de forma protocolar e quase escondida os crimes sexuais cometidos pelo Hamas. Só a má-fé explica essa omissão. São os mesmos que distorcem o real significado do termo "ajuda humanitária".

Não se discute a necessidade de fornecer água, alimentos e remédios à população civil de Gaza, que também é vítima de uma ditadura religiosa sanguinária e brutal. Porém, quem acredita na Justiça não poderia, jamais, separar a assistência aos palestinos de dois outros pontos igualmente fundamentais: a libertação imediata e incondicional de todos os reféns e a prisão e julgamento dos terroristas que, entre outros crimes, violentaram mulheres e meninas.

Em nome delas e de todos os que sofrem com a guerra, esperamos, dos que se apresentam como "defensores dos direitos humanos", ações coerentes com seus discursos. Não apenas quando convém a projetos pessoais ou partidários, mas em nome da liberdade e da Justiça.

Lembrar de lembrar

24/01/2024 UOL

A memória é uma vacina. Este é o principal sentido do Dia Internacional da Lembrança do Holocausto, marcado, a cada 27 de janeiro, por reflexões, orações e homenagens. Cerca de 60 milhões de seres humanos morreram na Segunda Guerra Mundial. Entre eles, 6 milhões de judeus.

Mas o Holocausto não é uma dor somente judaica. Ciganos, LGBTQIA+, pessoas com deficiência e adversários políticos foram atacados, presos, torturados e mortos pelo regime de Adolf Hitler. A conta inclui também dezenas de milhões de civis e de soldados dos países envolvidos no conflito.

Entre os militares, aproximadamente 500 brasileiros tombaram nos campos de batalha da Europa, onde lutaram bravamente, em nome da liberdade, contra a ditadura racista que mandava na Alemanha e que pretendia estender suas garras para o restante da Europa e do mundo.

Hoje também é dia de homenagear esses heróis, bem como de reverenciar a tradição brasileira de alinhamento a valores democráticos inegociáveis, ultimamente negligenciada em nome do oportunismo eleitoral imediato e da ignorância sobre fatos históricos e atuais.

Números impressionam, mas não revelam, muitas vezes, a essência dos fatos. A máquina de morte montada pelos nazistas é incomparável. Hitler e seus aliados planejaram friamente o extermínio de um povo, não por uma disputa territorial, econômica ou religiosa, mas unicamente pelos judeus serem judeus. Discursos parecidos são propagados, em 2024, pelo Hamas e pelos seus seguidores. O ódio é ensinado cotidianamente nas escolas da Faixa de Gaza, a exemplo do que ocorria na Alemanha dos anos 30. O resultado foi uma catástrofe global.

Não existem motivos aceitáveis para um genocídio. Os nazistas, porém, ultrapassaram as barreiras do absurdo. Uma eventual vitória na luta por terra, ou mesmo uma conversão religiosa, não significaria o fim dos assassinatos. O objetivo era exterminar um povo considerado "inferior". Troque uma mentira pela outra. Substitua "inferior" por "invasor". Alguma semelhança com o cântico "Do rio ao mar, a Palestina será livre"?

Não se deixe enganar. O Irã, o Hamas e seus cúmplices pouco se importam com um Estado Palestino. Seu objetivo é implantar uma ditadura islâmica radical de alcance mundial. São eles mesmos que dizem, não os cristãos, os budistas, os hinduístas, os praticantes de religiões afro-brasileiras ou os judeus, que já sofreram antes do mesmo mal. Ainda hoje, a população judaica no mundo é inferior à existente em 1940.

Depois do fim da guerra, o milenar direito à autodeterminação nacional do povo judeu ganhou apoio na comunidade internacional. Em 1948, o moderno Estado de Israel foi fundado, de acordo as leis internacionais. "Nunca mais" é a frase mais pronunciada quando lembramos das câmaras de gás.

Quase oito décadas depois do final da Segunda Guerra Mundial, a intolerância volta a assombrar o mundo. No Brasil, manifestações antissemitas cresceram 1000% desde que o Hamas, menos de quatro meses atrás, efetuou a maior matança de judeus desde o Holocausto.

Hoje, a Alemanha é um país democrático e plural. Mais do que isso: é uma aliada incondicional de Israel e dos valores humanos e democráticos dos quais compartilha.

A Alemanha sabe o que é ser governada por um Hamas. E também disse "Nunca mais"! Que o Oriente Médio e o mundo aprendam com as lições do passado. A vacina é extremamente eficaz, e o seu preço, muito caro, já foi pago pelas gerações que nos antecederam. Por respeito a elas e ao futuro, é nosso dever, sempre, lembrar.

O alerta que vem da Bahia

06/02/2024 UOL

Transtornada, uma mulher invade uma loja. Grita uma série de ofensas antissemitas para a proprietária, que é judia. Na sequência, a invasora quebra mercadorias expostas nas prateleiras. Não estamos falando da Alemanha de 1938, mas sim do Brasil de 2024.

A criminosa, já identificada pela polícia, é chilena. Destaco sua nacionalidade não para estigmatizar nossos irmãos sul-americanos, mas para ressaltar que o racismo e o ódio não respeitam fronteiras.

As cenas registradas na Bahia correram o mundo. Muitos podem, apressadamente, considerá-las um fato isolado: uma mulher, uma loja, uma judia. De fato, o crime cometido em Arraial D'Ajuda é parte de um caldo antigo, mas que vem ganhando consistência desde que Israel foi atacado pelos terroristas do Hamas, em 7 de outubro de 2023.

Na Alemanha nazista de 1938, a Noite dos Cristais foi impulsionada pelo mesmo ódio. Em 9 de novembro daquele ano, calcula-se que mais de 7.000 estabelecimentos de judeus foram vandalizados e saqueados, sob o olhar complacente do governo.

Era o prenúncio do que viria pouco depois: 60 milhões de mortos na Segunda Guerra Mundial, entre eles seis milhões de judeus, assassinados pelos nazistas. Até hoje, a população judaica no mundo é menor do que a existente antes do Holocausto. Ciganos, inimigos do regime, pessoas com deficiência, LGBTQIA+ e outras minorias foram perseguidos e massacrados.

O tempo passou, mas parece que as lições não foram aprendidas. No Brasil de 2024, um ex-presidente do PT falou, poucos dias atrás, em "boicotar empresas de judeus".

Na mesma onda, pelas redes sociais, importantes figuras públicas, eleitas e pagas com o dinheiro dos contribuintes brasileiros, destilam seu ódio aos judeus, agora fantasiado de "ódio a Israel".

É lamentável o que ocorre atualmente no Oriente Médio. Não podemos ser indiferentes a pessoas inocentes morrendo todos os dias. Mas culpar Israel por isso é ignorância ou má-fé.

Quem começou a guerra foi o Hamas, um grupo terrorista que usa seu próprio povo como escudo e que se vende como resistência, mas não explica a quê. O Hamas é a resistência à democracia, à liberdade e à Justiça. O resto é desinformação e propaganda enganosa, que se alastram no ambiente permissivo das redes sociais.

Bastaria que o Hamas libertasse os reféns que tem em mãos, reconhecesse o direito à existência de Israel e abdicasse do terrorismo para que as hostilidades cessassem imediatamente. Em vez disso, o populismo, o oportunismo eleitoreiro e o antissemitismo preferem apontar seus dedos em riste para a única democracia daquela região.

Então, quando alguém invade a loja na Bahia, ofende sua proprietária judia e quebra mercadorias, isso não é um fato isolado. É um aviso, um sinal de alerta contra a importação indevida de um conflito, o que atenta contra a tradição brasileira de harmonia e convivência pacífica entre etnias diferentes.

Cabe, nesse contexto de preocupação, ressaltar a rápida e eficaz atuação dos órgãos de Estado. A polícia e o Judiciário, acionados dentro das normas democráticas, responderam de acordo com a lei e com o sentido mais amplo de Justiça.

É também fundamental ressaltar a imensa quantidade de manifestações de pessoas públicas e de cidadãos anônimos, trabalhadores, empreendedores, intelectuais, artistas e políticos, de esquerda, de centro e de direita, condenando a violência racial registrada na Bahia.

Mas algumas das vozes que deveriam ser as primeiras a falar permanecem caladas, como se nada estivesse acontecendo.

A omissão, nesse caso, nada mais é do que cumplicidade. Isso precisa mudar. Em vez de importar o conflito, nosso dever é garantir que nosso modelo de pluralidade e de respeito evolua e inspire outros povos e nações.

O certo, do jeito errado

15/02/2024 UOL

É inaceitável a conduta da agência da ONU que deveria dar assistência humanitária aos palestinos. Pelo menos 13 funcionários deste órgão (UNRWA), com salários pagos por diversos países, estão diretamente envolvidos no massacre de 1,2 mil pessoas e no sequestro de outras 240, em Israel, em 7 de outubro de 2023.

Poucos dias atrás, foi revelada ao mundo a existência de túneis construídos pelo Hamas exatamente abaixo do prédio da agência, em Gaza. O diretor alega que não sabia, apesar de a energia elétrica usada pelos terroristas estar ligada na rede do edifício da UNRWA.

Se os problemas se limitassem a uma ou duas pessoas, a alegação de "fato isolado" até seria cabível. Indiscutivelmente, não é. Nas últimas décadas, bilhões de dólares de ajuda humanitária repassados à Faixa de Gaza foram desviados para a compra de mísseis sofisticados, para treinar e armar terroristas e para construir túneis usados para encobrir atividades que nada têm a ver com liberdade e democracia. Enquanto isso, na superfície da Faixa de Gaza, pessoas idosas, mulheres, homens e crianças servem de escudo e de massa de manobra para tentar convencer a opinião pública mundial de que os bandidos são as vítimas, e vice-versa.

Cientes dos desvios e da incompetência da UNRWA, países como Alemanha, Reino Unido, Itália, Austrália, Canadá e Estados Unidos congelaram os repasses de dinheiro à agência.

O Brasil, por sua vez, criticou a suspensão dos financiamentos e anunciou um aumento no repasse de verbas à agência. Sem dúvida, a ajuda aos palestinos é louvável e necessária, mas existem outras maneiras de concretizá-la, sem a necessidade de fortalecer uma instituição cúmplice de terrorismo. Os impostos pagos por empresas e trabalhadores brasileiros merecem melhor uso.

Tenho certeza de que, tão logo a UNRWA puna os culpados pelos crimes e se volte totalmente para a sua nobre missão, que é dar auxílio humanitário aos palestinos, todos os países democráticos do mundo voltarão a depositar normalmente suas contribuições. É só arrumar a casa. É isso que devemos, todos, exigir. Não estamos lidando aqui com esquerda e direita, mas com valores éticos e humanos que formam a base de uma sociedade democrática, justamente o modelo de civilização que o Hamas e seus aliados querem destruir.

Silêncio e omissão

16/03/2024 UOL

Um relatório da ONU divulgado há poucos dias cita indícios de violência sexual contra mulheres durante o ataque do Hamas a Israel, em 7 de outubro.

Importantes segmentos da vida política do Brasil, que tanto se orgulham de defender as mulheres e as minorias, passaram ao largo do tema. Certamente, porque a violência contra mulheres judias afronta certezas pré-estabelecidas pela cegueira ideológica atual.

Daqui para a frente, que se dê o nome certo à bandeira empunhada por estes que se omitem: defesa dos "direitos de alguns humanos", os que convêm à estratégia de encaixar fatos na narrativa pronta, em vez de construir as narrativas a partir dos fatos.

Escolher e manipular informações para servir a um propósito malicioso é uma técnica amplamente usada pela desinformação. Na maioria das vezes, a verdade exige entender os contextos completos e discutir questões com profundidade e coragem.

A honestidade e a integridade são fundamentais para um diálogo construtivo. Hoje, infelizmente, quem deveria dar o exemplo investe tempo e energia não no diálogo, mas apenas em "ter razão", mesmo que essa razão só se sustente na frágil colagem de partes incompletas, que passam a ter a falsa aparência de um todo.

Não é só no Brasil que isto ocorre. O embaixador israelense na ONU, Gilad Erdan, alerta para o fato de que, cinco meses depois do ataque terrorista do Hamas, "nem uma única" discussão foi realizada sobre o bem-estar dos reféns ou sobre a violência sexual cometida pelo grupo extremista.

É de John Kennedy a frase: "Quase sempre preferimos o conforto da opinião ao desconforto da reflexão". Quando a ideologia é colocada acima dos princípios e dos valores fundamentais, colhemos distorções e injustiças. Os princípios e valores devem guiar as ações e políticas, em vez de estarem submetidos a elas. Só assim a democracia e a liberdade prosperam.

Uma organização terrorista comete um genocídio: invade um país com a intenção declarada de matar todos os judeus que encontrar pela frente. A vítima passa a se defender e, automaticamente, é classificada como agressora.

Acabar com o conflito atual é simples. Basta que o Hamas liberte os reféns, reconheça o direito à existência de Israel e abdique do terrorismo.

A África do Sul, que enfrenta críticas por violações dos direitos humanos em várias áreas, propôs, com apoio do Brasil, uma ação em Haia. A conclusão foi a de que Israel tem o direito a se defender, que os reféns devem ser soltos e que cuidados devem ser tomados para que não ocorra um genocídio. Automaticamente, a pauta muda, já que os fatos afrontam a narrativa construída antes deles.

A boa liderança também é resultado da coerência entre discurso e atitude. O poder é transitório. A verdade, felizmente, não.

Tropeços externos

29/03/2024 UOL

A política externa de um país deveria ser orientada por objetivos estratégicos de longo prazo. No caso do Brasil, essa premissa básica foi atropelada por interesses eleitorais internos e imediatos. Nesse contexto, o conflito no Oriente Médio passou a ser analisado pelo governo brasileiro sob a ótica equivocada de "esquerda e direita". O que acorre lá nada tem a ver com isso, mas sim com um choque entre modelos de sociedade. De um lado, a ditadura fundamentalista do Hamas. Do outro, a única democracia da região.

Ideologias são construções conceituais que tentam explicar o mundo e justificar condutas políticas, sejam individuais ou coletivas. Mas a teoria não pode justificar a cegueira diante dos fatos. Em nome de uma visão preconceituosa da realidade, criam-se narrativas falaciosas, construídas com o único objetivo de arrancar o aplauso da bolha. A boa notícia é que as fórmulas populistas, individualistas e vaidosas de antes já não funcionam mais. Doutor em Economia pelo MIT, Moisés Naím define "poder" como "a capacidade de conseguir que os outros façam ou deixem de fazer algo". Esse "algo" pode ser bom ou ruim.

Boa parte dos especialistas convergem: a queda de popularidade do presidente Luiz Inácio Lula da Silva, detectada por mais de um instituto de pesquisa, é também resultado da sua postura errática em relação ao que acontece no mundo. Seja no silêncio sobre o conflito da Ucrânia e sobre a crise humanitária no Haiti, ou no barulho exagerado e infundado das acusações contra Israel, que não começou a guerra, mas, na visão de Lula, é o agressor.

Certamente, o flerte no atual governo com ditadores e o tratamento tendencioso dispensado a Israel estão repercutindo mal, nas ruas e nos gabinetes do Itamaraty.

O mundo olha hoje para o Brasil com desconfiança. Não identifica nem sequer a sombra daquele líder metalúrgico que chegou ao poder em 2002 com a promessa de oxigenar o capitalismo com uma visão mais social e humana. Em vez disso, encontra posturas políticas obsoletas, com muito foco na próxima eleição e pouco na próxima geração.

Mas nem tudo está perdido. Há vozes lúcidas na esquerda, no centro e na direita. O Brasil tem poderes e instituições fortes e consolidadas. A queda da popularidade de Lula nas pesquisas mostra que o povo brasileiro compreende o que seu presidente resiste em admitir: que a História tem um lado certo, o da liberdade e o da democracia.

Uma ponte com Israel

05/05/2024 O Globo

Ser a favor de Israel não é ser contra os palestinos, e vice-versa. Em tempos de radicalização, compreender esse paradigma é um desafio. Justamente por isso, devemos redobrar nossos esforços para construir pontes alicerçadas em valores que deveriam ser universais. A Confederação Israelita do Brasil tem uma posição inabalável a favor da democracia, da liberdade e da solidariedade entre os povos. Somos guiados pela certeza de um futuro luminoso, e não pelo presente sombrio, marcado pelos ataques do Hamas, do Hezbollah e pela recente agressão iraniana, que lançou centenas de drones e de mísseis em direção a Israel.

Não há opção fora da convivência. É uma questão humana, ética, objetiva e racional. Há cerca de 7 milhões de judeus e 4 milhões de palestinos habitando aquela região. Dados oficiais apontam o crescimento de ambas as populações nas últimas décadas. Não existe sinal de que uma ou outra pretenda ir embora. Logo, mais cedo ou mais tarde, a solução de dois Estados será inevitável. Mas, para isso, alguns pré-requisitos se impõem. A comoção causada pelas mortes e pelos dramas humanos é legítima e necessária, mas a análise do tema precisa contemplar também questões concretas.

A principal delas é: a criação de um Estado palestino é justa. Mas que Estado será esse? Se depender do Hamas, uma ditadura religiosa, com a eliminação de Israel e de seus habitantes. Isso seria apenas o começo. O Hamas é, hoje, o maior inimigo dos palestinos que anseiam por uma pátria democrática, inclusiva e plural. É compreensível que tais afirmações, feitas por um judeu que apoia Israel, sejam recebidas com reservas. Basta uma digitação simples em qualquer buscador da internet para comprovar, pelas palavras do próprio movimento terrorista, que suas intenções nada têm a ver com resistência à opressão ou com anti-imperialismo, mas, sim, com a ambição de criar o seu próprio império opressor, o que significaria a derrocada do modo de vida baseado na democracia e na liberdade.

Israelenses e palestinos que compartilham valores humanos têm um inimigo em comum, que precisa ser enfrentado. Ele se chama radicalismo e tem no Hamas um de seus principais representantes, fato reafirmado no assassinato de cerca de 1.200 pessoas, na violência contra mulheres e no sequestro de mais de 200 inocentes, atos que deflagraram uma guerra que tem também os próprios palestinos como vítimas.

As condições para que o conflito iniciado pelo Hamas termine são simples e justas: a libertação dos mais de cem reféns ainda aprisionados na Faixa de Gaza, o reconhecimento da existência do Estado de Israel e a condenação e punição dos terroristas e do terrorismo. Não é pedir demais. É o mínimo que se espera de um vizinho com quem se compartilham fronteiras.

Ao longo da História, são inúmeros os exemplos de convivência pacífica e harmoniosa entre judeus e muçulmanos. O Brasil é um deles. Baseado nesse modelo de respeito fraterno, buscamos a melhoria das relações entre Brasil e Israel, abaladas recentemente por declarações desconectadas da longa tradição de harmonia entre os dois países. As posições brasileiras em relação ao conflito atual têm causado impacto muito negativo nas relações bilaterais.

Cooperar é sempre o melhor caminho. No plano geopolítico, a recente paz entre Israel e os Emirados Árabes Unidos vem abrindo novas e fantásticas perspectivas de desenvolvimento para a região. Antes disso, os acordos com o Egito e a Jordânia, entre outros, fizeram cessar hostilidades antigas e que pareciam insuperáveis. É esse o objetivo que devemos perseguir e que o Hamas e a ditadura iraniana não querem. Acreditamos na paz, porque qualquer outra opção é ruim para todos. Não é uma utopia, mas sim um caminho de construção, baseado em valores que independem de governos passageiros. Não é fácil, mas é o que devemos fazer.

As lições que vêm do Sul

16/05/2024 UOL

O judaísmo nos oferece um conceito extremamente útil no momento em que enchentes avassaladoras submergem o Rio Grande do Sul. Tzedaká, a ajuda aos necessitados, é uma obrigação ética e religiosa. A palavra expressa o conceito de caridade, mas, de fato, sua tradução é, literalmente, justiça.

Logo, quando doamos roupas, mantimentos, remédios, dinheiro ou trabalho para socorrer quem precisa, estamos fazendo o que deve ser feito. Para os religiosos, a missão da Tzedaká é restituir a um ser humano a dignidade que Deus lhe deu. Não é favor. É um compromisso inadiável e uma oportunidade de construir uma ponte entre a injustiça e a justiça.

Desde que as enchentes desabrigaram centenas de milhares de gaúchos e tiraram as vidas de mais de 140 pessoas, a comunidade judaica vem atuando permanentemente. Há quem defenda que esse tipo de ação não deva ser divulgado, porque "dizer que fez" pode ser confundido com tentativa de autopromoção. De fato, o foco não somos nós, mas os outros.

Por outro lado, no próprio judaísmo, há estudiosos que sustentam outra tese: contar o que está sendo feito é uma prestação de contas, além de inspirar mais gente a fazer o mesmo. Em suma: o importante é fazer. A dor e as necessidades dos gaúchos são gigantescas e incomparáveis. Omitir-se é inaceitável.

As comunidades judaicas gaúcha e brasileira estão atuando em conjunto com incontáveis segmentos culturais, étnicos, religiosos, profissionais, econômicos e acadêmicos nesse imenso esforço de socorro e de reconstrução. Não há protagonismo, mas sim soma.

Por iniciativa da Federação Israelita do Rio Grande do Sul e com apoio do Confederação Israelita do Brasil, foram arrecadados mais de R$ 1 milhão, que serão investidos, prioritariamente, em ações emergenciais e na reestruturação das escolas atingidas pelas enchentes.

Além disso, 18 mil kits com refeições, organizados pelos residentes do asilo de idosos da comunidade judaica gaúcha, alguns deles quase centenários, foram entregues à Defesa Civil. Purificadores de água, tão necessários nesse momento, estão sendo trazidos de Israel.

Há centenas de voluntários judeus trabalhando anonimamente, ao lado de outros irmãos gaúchos, em abrigos, operações de resgate, hospitais e campanhas de arrecadação. Há doações de indivíduos e de empresas ligadas à comunidade judaica de todo o país chegando diariamente ao Rio Grande do Sul. Muitos pedem que seus nomes não sejam mencionados, nem internamente.

Infelizmente, a dor nos oferece algumas lições. No caso das enchentes gaúchas, a união em torno da vida, da dignidade, da liberdade e do futuro supera o radicalismo, o oportunismo, o egoísmo e o preconceito. Lado a lado, gaúchos e brasileiros mostram ao mundo que trabalhar em conjunto é a única solução. Ficam aqui a nossa solidariedade, o nosso respeito e o nosso orgulho de fazer parte dessa gigantesca corrente de Tzedaká.

Irã: candidato vencedor prometeu mudanças pela liberdade. É ver para crer

10/07/2024 UOL

Uma coisa é querer. Outra é conseguir. A recente eleição iraniana nos impõe esse paradigma de análise, baseado em fatos concretos.

O primeiro é que o candidato vencedor, Masoud Pezeshkian, que se apresenta como reformista, prometeu mudanças. Entre elas, reabrir conversas com o Ocidente e suavizar o uso obrigatório dos véus pelas mulheres. Sem dúvida, são bons sinais, embora insuficientes para quem defende a liberdade e a democracia nos seus sentidos corretos e amplos. Mas é um começo.

Entre as intenções de Masoud e a realidade, porém, existem obstáculos difíceis de transpor. O Irã é uma ditadura fundamentalista, que oprime mulheres, LGBTQIA+ e todas as minorias que, de uma forma ou de outra, são consideradas ameaças a um modelo de sociedade regida pela interpretação radical do Islã. Não é à toa que, logo após a divulgação do resultado, o porta-voz do Departamento de Estado norte-americano, Matthew Miller, declarou: "Não temos expectativa de que essa eleição levará a uma mudança substancial na direção das políticas iranianas".

Se a torcida pelas mudanças é grande, há motivos de sobra para ceticismo. Quem manda no Irã, de direito e de fato, não é o presidente, mas sim o "líder supremo", no caso, o aiatolá Ali Khamenei, um ditador religioso ultraconservador. Hoje o Irã é uma das maiores ameaças à estabilidade mundial. Além da opressão interna, o regime de Teerã financia grupos terroristas mundo afora. Está por trás, por exemplo, do assassinato de 1,2 mil pessoas em Israel e do sequestro de outras 230, em outubro do ano passado.

A possibilidade de um candidato crítico a alguns dos aspectos da ditadura iraniana ter conseguido concorrer é, mais do que tudo, o resultado de um gigantesco descontentamento interno, que veio à tona quando uma jovem de 22 anos, Mahsa Amini, foi morta há cerca de dois anos pela Polícia da Moralidade iraniana, depois de ser presa pelo descumprimento das leis de vestimenta impostas pela teocracia que se apoderou do país. As repressões às manifestações, em Teerã e outras localidades, foram violentas, gerando desgaste aos governantes.

Ao que tudo indica, o aiatolá Khamenei optou pela antiga política de "entregar os anéis para não entregar os dedos" ao permitir a candidatura de Masoud, que exclui apenas um país da lista de interlocutores com os quais ambiciona conversar. Reconhecer o direito à existência da única democracia da região seria, com certeza, uma ousadia inaceitável, mesmo para um iraniano que se apresenta como símbolo da mudança. Bastaria que Teerã fizesse o óbvio para terminar com os conflitos: interromper o financiamento ao terrorismo e reconhecer o direito à existência de Israel, um país soberano com milhares de anos de história. Em vez disso, a opção do "reformista" é não mexer no assunto. Resta sempre uma difusa esperança de que Masoud tenha optado por dar um passo de cada vez. Tomara.

Nos resta aguardar agora pelas medidas concretas do novo governo eleito. Saberemos, nos próximos meses, se a vitória de um "reformista" foi apenas uma concessão cosmética em nome de um alívio da pressão interna ou se os ditadores fundamentalistas que governam hoje o Irã compreenderam o recado dado pelo seu próprio povo.

Gritos e sussurros

20/07/2024 O Estado de S. Paulo

O bombardeio de um hospital infantil na Ucrânia pela Rússia expõe tanto a barbárie quanto a falta de coerência. Crianças em tratamento foram submetidas ao horror das explosões e muitas agora precisam ser transferidas para outras instalações. O sofrimento de seres humanos inocentes, seja em Kiev, Gaza ou Tel Aviv, deve ser evitado e condenado. Uma vida é uma vida. Infelizmente, isso não é refletido em boa parte da opinião pública e, em especial, nas declarações e ações do governo brasileiro.

Na ânsia de proteger o regime de Vladimir Putin, as autoridades de Brasília colocam seus interesses políticos e ideológicos acima de valores que deveriam ser inegociáveis. Quando Israel ataca terroristas que usam sua própria população civil como escudo, o governo brasileiro demonstra indignação. Quando a Rússia agride uma instalação civil que não esconde armas nem terroristas, a condenação é tímida, quase envergonhada.

A liberdade de pensamento é sagrada, mas não podemos ignorar os fatos. Putin atacou a Ucrânia, mesmo que o vizinho jamais tenha contestado o direito de existência da Rússia ou invadido fronteiras para matar e sequestrar. Como o governo brasileiro reage? Fala baixo, para não assustar os amigos agressores.

Israel é invadido e atacado pelo Hamas. Mil e duzentas pessoas são assassinadas e outras 230, sequestradas. Milhares de mísseis são lançados contra cidades israelenses. Israel reage e entra em confronto com terroristas que, covardemente, se escondem entre a população civil. Como o governo brasileiro reage? Grita. Contra Israel.

Nessa polarização, o óbvio fica ofuscado. Ser favorável a um Estado palestino não significa ser contrário a Israel, e vice-versa. Falta a boa parte da opinião pública mundial, e a setores do governo brasileiro, a compreensão de que não basta apoiar a criação da Palestina. É preciso estar seguro de que esse novo país será um ambiente de liberdade e de respeito aos países vizinhos. Para isso, o Hamas precisa ser completamente neutralizado. Pelo bem da democracia e dos próprios palestinos. A indignação seletiva pode até render aplausos da bolha, mas será julgada pela História, mais cedo ou mais tarde.

QR Codes

das demais entrevistas

Compilado de imprensa

– Claudio Lottenberg

Guerra de Israel

Outubro/2023

O GLOBO - Presidente da Confederação Israelita do Brasil critica postura do governo sobre o Hamas: 'Falta firmeza'

https://oglobo.globo.com/politica/noticia/2023/10/12/presidente-da-confederacao-israelita-do-brasil-critica-postura-do-governo-sobre-o-hamas-falta-firmeza.ghtml

FOLHA DE S.PAULO - Israel busca proteger a vida e o Hamas sacrifica os palestinos

https://www1.folha.uol.com.br/opiniao/2023/10/israel-busca-proteger-a-vida-e-o-hamas-sacrifica-os-palestinos.shtml

CNN - Lula pode ser bom interlocutor pela paz, diz Claudio Lottenberg

https://www.youtube.com/watch?v=oUGlvjToFbo

CNN - Não existe relativização quando o assunto é terrorismo

https://www.cnnbrasil.com.br/forum-opiniao/nao-existe-relativizacao-quando-o-assunto-e-terrorismo/

CNN - Padilha liga para representante de Israel para explicar encontro com simpatizante do Hamas

https://www.cnnbrasil.com.br/politica/padilha-liga-para-representante-de-israel-para-explicar-encontro-com-simpatizante-do-hamas/

RECORD TV - Presidente da Conib analisa melhor maneira de combater antissemitismo

https://www.youtube.com/watch?v=pXbh0qjLxVk&ab_channel=JornaldaRecord

GAZETA - Claudio Lottenberg, presidente da Confederação Israelita do Brasil, sobre a guerra de Israel e Hamas

https://www.youtube.com/watch?v=trtrbNMJTZU&ab_channel=JornaldaGazeta

PODER 360 - Relação complexa entre Irã e Hamas é obstáculo para a paz

https://www.poder360.com.br/opiniao/relacao-complexa-entre-ira-e-hamas-e-obstaculo-para-a-paz/

CNN - "Hamas não representa sentimento do povo palestino", diz o presidente da Confederação Israelita do Brasil à CNN

https://www.cnnbrasil.com.br/internacional/hamas-nao-representa-sentimento-do-povo-palestino-diz-o-presidente-da-confederacao-israelita-do-brasil-a-cnn/

JOVEM PAN - Presidente da Conib comenta conflito entre Israel e Hamas

https://www.youtube.com/watch?v=zT90d2qlX20

JOVEM PAN - Presidente da Confederação Israelita diz se preocupar com antissemitismo: "Mundo não pode aceitar"

https://www.youtube.com/watch?v=vrQMVyVjiOU

METRÓPOLES - Presidente da Confederação Israelita do Brasil recebe Eduardo Leite

https://www.metropoles.com/colunas/paulo-cappelli/israelita-eduardo-leite

Novembro/2023

JOVEM PAN - Há guerra de informação no conflito Israel-Hamas? Presidente da Conib analisa

https://www.youtube.com/watch?v=zVrlyxtqkIQ

CNN - Antissemitismo mostra sociedade imatura, diz presidente da Confederação Israelita

https://www.youtube.com/watch?v=Qf0INHCS2N0

CNN - Antissemitismo mostra sociedade imatura em relação às minorias, diz à CNN presidente da Confederação Israelita do Brasil

https://www.cnnbrasil.com.br/internacional/antissemitismo-mostra-sociedade-imatura-em-relacao-as-minorias-diz-a-cnn-presidente-da-confederacao-israelita-do-brasil/

FOLHA DE S.PAULO - Lula não é antissemita e pode ajudar na paz se pesar o que diz, afirma presidente de entidade judaica

https://www1.folha.uol.com.br/colunas/monicabergamo/2023/11/lula-nao-e-antissemita-e-pode-ajudar-na-paz-se-pesar-o-que-diz-afirma-presidente-de-entidade-judaica.shtml

VEJA - É ignorância, antissemitismo ou ambos

https://veja.abril.com.br/politica/e-ignorancia-antissemitismo-ou-ambos

PODER 360 - Poder Entrevista: Claudio Lottenberg, presidente da Conib (Confederação Israelita do Brasil)

https://www.youtube.com/watch?v=pYwax6lhOh0

O ESTADO DE S. PAULO - Lula fala com presidente de Israel sobre reféns latino-americanos do Hamas após críticas à guerra

https://www.estadao.com.br/internacional/lula-fala-com-presidente-de-israel-sobre-refens-latino-americanos-do-hamas-apos-criticas-a-guerra/

METRÓPOLES - Guerra entre Israel e Hamas evidencia o crescimento do antissemitismo

https://www.metropoles.com/mundo/guerra-entre-israel-e-hamas-evidencia-o-crescimento-do-antissemitismo

CNN - Comunidade judaica vê acordo de devolução de reféns como ponto de partida para negociar cessar-fogo

https://www.cnnbrasil.com.br/internacional/comunidade-judaica-ve-acordo-de-devolucao-de-refens-como-ponto-de-partida-para-negociar-cessar-fogo/

PODER 360 - Libertação de reféns é oportunidade de diálogo, diz presidente da Conib

https://www.poder360.com.br/internacional/libertacao-de-refens-e-oportunidade-de-dialogo-diz-presidente-da-conib/

CORREIO BRAZILIENSE - Guerra Israel-Hamas: Treze reféns retornam para casa nesta sexta-feira

https://www.correiobraziliense.com.br/mundo/2023/11/6659867-guerra-israel-hamas-treze-refens-retornam-para-casa-nesta-sexta.html

JOVEM PAN - Presidente da Conib analisa acordo entre Israel e Hamas de trégua para libertação de reféns

https://www.youtube.com/watch?v=12nVa1mnLLI

CÂMARA LEGISLATIVA - Comissão de Legislação Participativa debate conflito Israel-Palestina

https://www.camara.leg.br/noticias/1012993-COMISSAO-DE-LEGISLACAO-PARTICIPATIVA-DEBATE-CONFLITO-ISRAEL-PALESTINA

CNN - Fala de Lula é equivocada e perigosa, diz Confederação Israelita do Brasil

https://www.cnnbrasil.com.br/politica/fala-de-lula-e-equivocada-e-perigosa-diz-confederacao-israelita-do-brasil/

PODER 360 - Conib diz que falas de Lula sobre a guerra são "perigosas"

https://www.poder360.com.br/poder-flash/conib-diz-que-falas-de-lula-sobre-guerra-sao-perigosas/

PODER 360 - Denúncias de antissemitismo crescem 1.000% depois da guerra

https://www.poder360.com.br/brasil/denuncias-de-antissemitismo-crescem-1-000-depois-da-guerra/

O LIBERAL - Autoridade israelita classifica fala de Lula como 'perigosa e equivocada'

https://www.oliberal.com/brasil/autoridade-israelita-classifica-fala-de-lula-como-perigosa-e-equivocada-1.747906

Dezembro/2023

SENADO - Senadores e familiares de israelenses cobram esforço pela liberação de reféns

https://www12.senado.leg.br/noticias/materias/2023/12/11/senadores-e-familiares-de-israelenses-cobram-esforco-pela-liberacao-de-refens

O GLOBO - 'O mundo tem de trabalhar muito em relação ao discurso de ódio', diz presidente da Conib

https://oglobo.globo.com/mundo/noticia/2023/12/15/o-mundo-tem-de-trabalhar-muito-em-relacao-ao-discurso-de-odio-diz-presidente-da-conib.ghtml

PODER 360 - Saúde deve ser território neutro na guerra

https://www.poder360.com.br/opiniao/saude-deve-ser-territorio-neutro-na-guerra/

BNAI - Presidente da Confederação Israelita do Brasil, Claudio Lottenberg, critica postura do governo sobre o Hamas

https://www.bnai-brith.org.br/presidente-da-confederacao-israelita-do-brasil-claudio-lottenberg-critica-postura-do-governo-sobre-o-hamas/

VEJA - Comunidade judaica repudia ex-ministro por texto sobre guerra ao Hamas

https://veja.abril.com.br/coluna/maquiavel/comunidade-judaica-repudia-ex-ministro-por-texto-sobre-guerra-ao-hamas

ÚLTIMO SEGUNDO - Em carta, comunidade judaica defende Israel e repudia ex-ministro

https://ultimosegundo.ig.com.br/brasil/2023-12-14/carta-comunidade-judaica-carlos-marun.html

Janeiro/2024

DIÁRIO DO PODER - Empresários e atores protestam contra hostilidade de Lula a Israel

https://diariodopoder.com.br/brasil-e-regioes/e03-brasil/empresarios-e-atores-protestam-contra-hosilidade-de-lula-a-israel

DIÁRIO DO CENTRO DO MUNDO - Com chefe da Conib, empresários fazem manifesto contra apoio do Brasil à investigação de Israel

https://www.diariodocentrodomundo.com.br/com-chefe-da-conib-empresarios-fazem-manifesto-contra-apoio-do-brasil-a-investigacao-de-israel/

GAZETA DO POVO - O compromisso do Brasil em recordar o Holocausto

https://www.gazetadopovo.com.br/opiniao/artigos/o-compromisso-do-brasil-em-recordar-o-holocausto/

FOLHA DE S. PAULO - Dia em Memória do Holocausto em SP condena antissemitismo e atentado do Hamas

https://www1.folha.uol.com.br/mundo/2024/01/dia-em-memoria-do-holocausto-em-sp-condena-antissemitismo-e-atentado-do-hamas.shtml

CIP - Ato na CIP pelo Dia Internacional do Holocausto é marcado por declarações contra o antissemitismo, em defesa de Israel e contra a posição brasileira em Haia

https://cip.org.br/ato-na-cip-pelo-dia-internacional-do-holocausto-e-marcado-por-declaracoes-contra-o-antissemitismo-em-defesa-de-israel-e-contra-a-posicao-brasileira-em-haia/

FOLHA DE S. PAULO - Presidente da Conib, Lottenberg chamou Genoino de antissemita e fez críticas ao governo brasileiro

https://www1.folha.uol.com.br/mundo/2024/01/dia-em-memoria-do-holocausto-em-sp-condena-antissemitismo-e-atentado-do-hamas.shtml

GAZETA DO POVO - O compromisso do Brasil em recordar o Holocausto

https://www.gazetadopovo.com.br/opiniao/artigos/o-compromisso-do-brasil-em-recordar-o-holocausto/

Fevereiro/2024

BM&C NEWS - Política internacional e saúde com Claudio Lottenberg - (Conib e Albert Einstein)

https://www.youtube.com/watch?v=ZP2hrYmjtyE

CNN - Fala de Lula incentiva discursos de ódio contra Israel, diz presidente da Conib

https://www.cnnbrasil.com.br/politica/fala-de-lula-incentiva-discursos-de-odio-contra-israel-diz-presidente-da-conib/

REVISTA OESTE - Falas de Lula são fruto de ignorância, legitimam antissemitismo e colocam o Brasil perto do 'eixo do mal', diz presidente da Conib

https://revistaoeste.com/politica/falas-lula-ignorancia-legitimam-antissemitismo-conib-claudio-lottenberg/

O ANTAGONISTA - PT coloca judeus em risco, diz presidente da Conib

https://oantagonista.com.br/videos/pt-coloca-judeus-em-risco-diz-presidente-da-conib/#google_vignette

PLENO NEWS - Presidente da Conib: Fala de Lula aumenta risco de antissemitismo

https://pleno.news/brasil/politica-nacional/presidente-da-conib-fala-de-lula-aumenta-risco-de-antissemitismo.html

DIÁRIO DO PODER - Confederação Israelita critica 'postura desequilibrada' de Lula

https://diariodopoder.com.br/brasil-e-regioes/confederacao-israelita-critica-postura-desequilibrada-de-lula

O ANTAGONISTA - Papo Antagonista: A perversão moral de Lula

https://oantagonista.com.br/videos/papo-antagonista-a-perversao-moral-de-lulapapo-antagonista/#google_vignette

PODER 360 - Conib pede audiência com Lula após comparação de Israel com Hitler

https://www.poder360.com.br/governo/conib-pede-audiencia-com-lula-apos-comparacao-de-israel-com-hitler/

Abril/2024

UOL - A necessidade de uma leitura ampla de uma guerra que não é regional

https://noticias.uol.com.br/opiniao/coluna/2024/04/29/a-necessidade-de-uma-leitura-ampla-de-uma-guerra-que-nao-e-regional.htm

FOLHA DE S.PAULO - Missão da Conib visita Israel e quer melhorar relação bilateral

https://www1.folha.uol.com.br/colunas/painel/2024/04/missao-da-conib-visita-israel-e-quer-melhorar-relacao-bilateral.shtml

O TEMPO - Missão da Conib com brasileiros chegou neste sábado em Jerusalém e diz estar bem

https://www.otempo.com.br/politica/governo/missao-da-conib-com-brasileiros-chegou-neste-sabado-em-jerusalem-e-diz-estar-bem-1.3379545

JOVEM PAN - Presidente da Conib diz que comitiva brasileira que viajou a Israel está em segurança

https://jovempan.com.br/noticias/mundo/presidente-da-conib-diz-que-comitiva-brasileira-que-foi-a-israel-esta-em-seguranca.html

FOLHA DE S. PAULO - Presidente da Conib relata frustração com governo brasileiro após viagem a Israel

https://www1.folha.uol.com.br/mundo/2024/04/presidente-da-conib-relata-frustracao-com-governo-brasileiro-apos-viagem-a-israel.shtml

PODER 360 - Ataque do Irã mostra quem é o verdadeiro agressor, diz Conib

https://www.poder360.com.br/internacional/ataque-do-ira-mostra-quem-e-o-verdadeiro-agressor-diz-lottenberg/

JOVEM PAN - Claudio Lottenberg relata tensão em Israel de dentro de bunker

https://www.youtube.com/watch?v=hQfXycMPukQ&ab_channel=JovemPanNews

PODER 360 - Conib diz que "situação está sob controle" e comitiva segue em Israel

https://www.poder360.com.br/internacional/conib-diz-que-situacao-esta-sob-controle-e-comitiva-segue-em-israel/

G1 - Em bunker de hotel em Israel, ex-secretário da Saúde em SP diz que brasileiros estão protegidos após lançamento de drones pelo Irã

https://g1.globo.com/sp/sao-paulo/noticia/2024/04/13/em-bunker-de-hotel-em-israel-ex-secretario-da-saude-em-sp-diz-que-drones-foram-lancados-mas-que-brasileiros-estao-protegidos.ghtml

RÁDIO GAÚCHA - Claudio Lottenberg (Conib), fala diretamente de Israel sobre ataque inédito do Irã

https://soundcloud.com/radiogaucha/claudio-lottenberg-conib-fala-diretamente-de-israel-sobre-ataque-inedito-do-ira-14042024

KOKA - Brasileiros em Israel estão seguros, diz Claudio Lottenberg

https://koka.com.br/noticia/brasileiros-em-israel-estao-seguros-diz-claudio-lottenberg

JORNAL GGN - Conib visita o presidente de Israel após retaliação do Irã

https://jornalggn.com.br/internacional/conib-visita-presidente-israel-retaliacao-ira/

FOLHA DE VITÓRIA - Missão com 12 brasileiros em Israel é surpreendida com ataque de drones iraniano

https://www.folhavitoria.com.br/geral/noticia/04/2024/missao-com-12-brasileiros-em-israel-e-surpreendida-com-ataque-de-drones-iraniano

REVISTA OESTE - Líder de missão brasileira atualiza situação em Israel

https://revistaoeste.com/mundo/lider-de-missao-brasileira-atualiza-situacao-em-israel/

TERRA - Ex-secretário da Saúde em SP diz que brasileiros estão protegidos em Israel

https://www.terra.com.br/noticias/mundo/ex-secretario-da-saude-em-sp-diz-que-brasileiros-estao-protegidos-em-israel,d6f159f0198045dd8166ae55bbc74d5agfmqogx8.html

GAÚCHA ZH - "É uma questão de perigo de terceira guerra mundial", diz presidente da Conib sobre ataques do Irã a Israel

https://gauchazh.clicrbs.com.br/mundo/noticia/2024/04/e-uma-questao-de-perigo-de-terceira-guerra-mundial-diz-presidente-da-conib-sobre-ataques-do-ira-a-israel-cluzo8iw80089013f6mt901u4.html

SBT NEWS - "Até países árabes apoiaram Israel contra o ataque do Irã", afirma presidente da Conib

https://sbtnews.sbt.com.br/noticia/mundo/ate-paises-arabes-apoiaram-israel-contra-os-ataques-do-ira-afirma-presidente-da-conib

#PapoÍntimo com Claudio Lottenberg

https://hopelingerie.inovaki.com.br/2024/04/08/20papointimo-com-claudio/

Maio/2024

DIÁRIO DO RIO - Governo do Estado assina documento de combate ao antissemitismo

https://diariodorio.com/governo-do-estado-assina-documento-de-combate-ao-antissemitismo/#google_vignette

TERRA BRASIL NOTÍCIAS - Estado do Rio adota definição internacional de antissemitismo

https://terrabrasilnoticias.com/2024/05/estado-do-rio-adota-definicao-internacional-de-antissemitismo/#google_vignette

MIX VALE - Governador do Rio assina adesão à definição de antissemitismo da Aliança Internacional para Lembrança do Holocausto (IRHA)

https://www.mixvale.com.br/2024/05/03/governador-do-rio-assina-adesao-a-definicao-de-antissemitismo-da-alianca-internacional-para-lembranca-do-holocausto-irha/

CORREIO BRAZILIENSE - Congresso recebe projeção: "Holocausto nunca mais"

https://www.correiobraziliense.com.br/brasil/2024/05/6851474-congresso-recebe-projecao-holocausto-nunca-mais.html#google_vignette

Epílogo

Ao escrever este livro, Claudio Luiz Lottenberg lançou-se a mais uma missão desafiadora, entre outras de sua vida: ajudar a entender as tramas e os urdumes que se entrelaçam no complexo tecido geopolítico do conflito no Oriente Médio. Aflorou-se de maneira dramática com a ação violenta do Hamas contra Israel no dia 7 de outubro de 2023, mas o fato é que os primeiros fios dessa teia conflituosa remontam há muito, muito tempo atrás.

De maneira habilidosa, compilando fatos relevantes dessa longa história, detendo-se em personagens importantes e aprofundando-se em episódios mais marcantes (tanto os que fortaleceram o tecido geopolítico como aqueles que o esgarçaram), Claudio chega aos dias atuais, refletindo e nos ajudando a refletir sobre a luz e as trevas citadas no título do livro. Sobre o que opõe Israel e grupos terroristas que querem ver o país e seu povo desaparecerem. Sobre o que opõe democracia, liberdade, respeito, justiça e pluralidade versus opressão, violência, regimes ditatoriais, autocracias religiosas, intolerância e violação de todos os tipos de direitos humanos. Inclui, ainda, um tema que não poderia faltar em uma obra que, evidentemente, se coloca ao lado da luz: os caminhos de soluções que poderiam fincar a paz de maneira perene na região.

A segunda parte do livro completa esse rico mosaico com a coletânea de artigos que Lottenberg escreveu desde o 7 de outubro de 2023, publicados em diversos veículos, além de links para entrevistas e outros materiais do período. São mais conteúdos em que ele processa a bagagem de conhecimentos que acumulou – com estudos, viagens a Israel, diálogos com lideranças políticas e com os mais diversos setores e organizações do mundo judaico e não judaico – junto com suas visões e opiniões, sempre alicerçadas em sólidos valores e princípios. Nosso convívio, quase que diário, pelo trabalho à frente do Einstein, mas muito por nossa amizade, me permitiu ao longo de mais de quinze anos, e ainda me permite, admirá-lo por esses valores e, ao mesmo tempo, inspirar-me com suas atitudes. Em vários pontos, a leitura me remeteu a momentos do último ano em que nossas conversas eram permeadas por dúvidas, mas, ao mesmo tempo, pela demonstração de força, sustentada por seus princípios.

O livro, a agenda de atividades intensificada desde o atentado do Hamas, o tempo dedicado a entrevistas, encontros e reuniões, são instrumentos que o Claudio articula para o exercício de sua liderança comunitária em um período bastante conturbado. Como presidente da Confederação Israelita do Brasil, é particularmente desafiador atuar em um contexto crítico como o que temos vivido, com recrudescimento do antissemitismo em nosso país, a guerra da desinformação e das fake news, as narrativas permeadas de ideologia. Também não é simples exercer uma liderança firme e sábia para manter unida a comunidade judaica no Brasil. Como observa em um dos trechos desta obra, temos judeus de esquerda, direita, centro e aqueles que não querem saber de política. Da mesma forma, temos judeus religiosos, agnósticos e ateus. Essas são algumas faces da nossa pluralidade, que se reflete também em visões diversas sobre o conflito no Oriente Médio e as soluções que podem ser encontradas. Mas orquestrar a unidade dentro da pluralidade sempre foi um requisito que manteve e segue mantendo a identidade do povo judeu.

Sabemos todos que o caminho da paz é complexo, mas não é impossível. E este livro, ao ajudar a entender o contexto geopolítico do conflito no Oriente Médico, contribui com todos aqueles que querem se unir e se engajar para fazer a luz brilhar e as trevas desaparecerem.

Sidney Klajner

Médico gastrocirurgião, mestre em Cirurgia e presidente da Sociedade Beneficente Israelita Brasileira Hospital Albert Einstein

Agradecimentos

À minha esposa, Ida, e aos meus filhos, Gustavo e Fabio, pelo apoio e pela compreensão de que os assuntos da comunidade judaica são também os nossos assuntos. Aos meus pais, Marcos e Teteia, pela educação sólida e pelos valores judaico-cristãos que me transmitiram. À minha sogra, Esther Sztamfater, pelo exemplo de inspiração e resiliência. A Jack Terpins, por ter me aberto as portas para a missão de liderança da comunidade judaica brasileira. Aos doadores, à diretoria e aos colaboradores da Confederação Israelita do Brasil. Aos rabinos que me orientam e que tanto me ensinam sobre a vida e sobre judaísmo. Aos presidentes das federações israelitas dos estados brasileiros, aos líderes e ativistas judaicos, aos jornalistas Anik Suzuki e Tulio Milman. E a todos, independentemente de religião, origem e posição ideológica, que acreditam no triunfo das luzes sobre as trevas.